讲个好故事 找到好工作

用自己的故事打动面试官

TELL ME ABOUT YOURSELF

STORYTELLING TO GET JOBS AND PROPEL YOUR CAREER

Katharine Hansen 著 蒋伟 李东 译

中国劳动社会保障出版社

图书在版编目(CIP)数据

讲个好故事　找到好工作/（美）汉森（Hansen，K.）著；蒋伟，李东译. —北京：中国劳动社会保障出版社，2014

书名原文：Tell me about yourself：storytelling to get jobs and propel your career

ISBN 978-7-5167-1470-6

Ⅰ.①讲…　Ⅱ.①汉…②蒋…③李…　Ⅲ.①职业选择　Ⅳ.①C913.2

中国版本图书馆 CIP 数据核字(2014)第 273715 号

中国劳动社会保障出版社出版发行

（北京市惠新东街 1 号　邮政编码：100029）

*

保定市中画美凯印刷有限公司印刷装订　　新华书店经销

787 毫米×1092 毫米　16 开本　11.75 印张　186 千字

2015 年 1 月第 1 版　　2015 年 1 月第 1 次印刷

定价：32.00 元

读者服务部电话：（010）64929211/64921644/84643933

发行部电话：（010）64961894

出版社网址：http://www.class.com.cn

谨以此书献给 Kevin Sharpe 博士，他是我在博士阶段的核心指导教授，他仔细审读了本书和相关论文。虽然我和 Kevin 的相处时间并不长，但我十分感激他。

致 谢

在我创作本书和博士论文的过程中，很多人给予了我无私的帮助。首先，感谢Robert Boozer，正是在他的课上我发现了讲故事这一优秀方法。其次，感谢Cythia M. Buenger和John R. Hansen，他们对我的研究提供了颇具价值的帮助；感谢参与我研究的所有学生和人士，他们讲的故事为我的研究提供了素材；感谢Deb Wile Dib，Robert Gamza，Norine Dagliano，Meg Guiseppi以及职业管理联盟的其他成员，他们向我分享了各自的心得和案例；感谢Robert S. Frey和Lori Silverman，他们为我提供了十分宝贵的信息；Bobbi Kerlin博士的方法论对我的帮助也很大。再次，感谢那些意识到讲故事的重要价值的先驱们，他们是Steve Denning，Annette Simmons和Terence Gargiulo。感谢Jane Johansen博士精心编辑本书。感谢Monique Forte对我撰写本书提供了大量的指导。感谢我的博士生委员会的成员们：Kevin Sharpe博士、Sherry Eve Penn博士、Rebecca J. Oliphant博士、Cindy Lovell Oliver博士、CherylA. Lossie博士、Alison Nordstrom博士、Elizabeth Weir Weatherly博士，以及委员会前成员Sandra Hurlong博士。感谢联合研究院及大学的所有教职员工，以及斯泰森大学（Stetson University）所有帮助过我的人，尤其是Paul Dascher博士和Roberta Favis博士。感谢斯泰森大学商学院基金和Judson Stryker博士为我提供研究的支持。弹性研讨会（Resiliency Colloquium）的11名成员也为我提供了有意义的帮助，尤其是Anne Bedwinek和BeckyRidge，一直在默默地支持我。最后，感谢LoriCates Hand和JIST出版社的朋友们不辞辛劳地编辑本书。感谢我的姐姐Carolynn Hoood对本书所做的贡献，以及我的挚友Brett Bayne。

我尤其要感谢Randall S. Hansen博士为本书成书所做的贡献，感谢他提供的创作帮助、编辑指导、中肯的建议和不懈的支持，感谢他与我一起进行激动人心的骑行、合作，给予我的关爱。

前　言

为什么要在求职时用讲故事的方法

曾经有一位求职者在5个月之久的时间里经历了一系列令人沮丧的面试，没有得到一个工作机会。后来这个灰心丧气的倒霉蛋读到一本书，这本书建议求职者准备一些个人经历的独特故事。他照做了。而后他发现，这样做的效果比以前他所接受过的任何培训的都要好。他说，在看这本书以前，有些故事他没想起来，现在能把这些故事用上，让自己在面试时更自信，更有说服力。讲故事也使他在面试时能以更有个性，更具影响力的方式展现自我。在接下来一轮的面试中，他继续使用讲故事的方法，得到了令其满意的结果——成功受聘于一个管理职位——这是他职业生涯至关重要的一步。这个故事里的求职者是真实存在的，此人在亚马逊网站上为Annette Simmons2006年所著的*The Story Factor*一书撰写过书评。

Tell Me AboutYourself：*Storytelling to Get Jobs and Propel Your Career*一书扩展了Simmons和其他一些作者的见解，他们都对讲故事的价值推崇备至。你手中的这本书聚焦于讲故事的一个很小但很有效的用途：对事业发展的促进，无论对于在现有单位的晋升还是跳槽到一个新的工作岗位。书名来自面试时面试官问的最多的一个问题（甚至不是一个问题，而是一个要求）：说说你自己吧。用讲故事来应对这个问题，展示你个性和专业化的自我，不失为一种促进事业腾飞的好主意。

Simmons写道，那个陌生人，那个你希望能受你影响的陌生人，他的自然反应是不相信你——直到你回答了两个问题。第一个问题是“你是谁?”。在履历和求职信中，在面试的时候，求职者都会试图说明自己是谁，然而你真的认为你提供的信息能说清楚这个问题吗？Simmons的第二个问题“你为什么来到这里?”可以被理解成“你为什么要联系这位雇主?”“为什么你到这里来面试?”或者“你为什么想到这儿工作?”

讲故事将怎样帮助你找到工作

一个好的故事可以成为你求职和职业发展道路上的助推器——这只是回答“讲

故事将怎样帮你找到一份工作”的答案之一。下面展示的是其他原因。

帮助你确立身份，凸显个性

为人所知是人类的基本需求，故事可以满足这一点。很明显，求职者的一个主要目标是要被广大的雇主们所知晓，而这个目标大部分是通过履历、求职信和面试来完成的。求职者可以把故事融入这些交流中，以此来争取雇主的认可。

在 *Training & Development magazine* 杂志上，Bonnie Durrance 通过一个故事来例证讲故事对个性显示的重要性。她描述了一个有志向的舞者在收费亭做收费员时表露出来的愉快和乐观的态度。尽管很多收费员会认为自己的工作是容易令人麻木和厌倦的，但是这个故事里的主人公却工作得很高兴，因为他可以在当班时放着音乐，练习他真正的梦想——舞蹈。“我们会被这个故事所感动”，Durrance 写道，“把可能的窗户打开，扩展我们对工作的认识，让我们对工作、梦想和收费亭的观点有新的突破”。想象一下这位收费员或舞者在面试他的下一份工作时会发生什么。结果不难想象，面试官一定会对他把枯燥的工作做到极致的、积极向上的态度欣赏有加。

帮助你了解自我，树立信心

讲故事不仅能让他人更好地了解你，也能让你更好地了解自己。故事可以成为自我审视的基础。你可以看到一些相似的东西出现在你的故事里，你可以更理解自己，更清楚自己的目标、最好的职业道路，以及最理想的工作——这些理解能够提升你的自信，提高你在雇主面前推销自己的能力。

在职业咨询过程中，日渐兴起的一项内容就是构建职业生涯故事，它能使求职者发现其中的价值和关联。这些价值和关联将成为其故事中的核心特征，将指引其探索未来人生。

给人深刻印象

很多专家认为讲故事是让别人记住自己的好方法。Tom Washington 曾经在他 2004 年出版的 *Interview Power* 一书中，用了一整个篇幅来探讨讲故事的重要意义。他宣称：“用不了三分钟，你就能讲一个有感染力的故事，让面试官牢牢记住你，对你的印象保持几天、几个星期，甚至几个月。”同样，面试专家 Carole Martin 写道："只要某人在面试过程中讲述有趣的故事，这个面试将变得有意思起来，甚至充满欢乐。如果面试官被你的故事打动，他会更容易记住你，而你将更有可能成为这份工作的重要候选人。"

作家 Peg Neuhauser 写道："如果你希望别人能记住并相信你提供的信息，最好的方法就是在任何场合都用故事的形式向他人传递信息。"心理学家和神经科学家告诉我们，我们之所以容易记住那些讲故事的人，原因在于我们的思考、组织和记忆信息的基础都是由故事构成的。

建立雇主对你的信任

信任已经成为招聘活动中的一个重要问题。很多高调的求职者在履历中撒谎只是雇主不信任求职者的原因之一。2004 年，克里斯提安·缇姆伯猎头公司调查了 500 个公司管理人员的履历，发现 23%的人在他们的过往成就上撒了谎。求职者可以在履历、求职信或面试中植入故事来博得雇主的信任。就像 Simmons 所写的：

在你试图影响任何人之前，你要先让他人对自己建立充分的信任，为成功传递信息奠定基础……人们喜欢自己决定是否信任他人……你最好给他们讲个故事，将你的值得信任的经历模拟出来。让他们觉得听到你的故事就像亲眼看到你的行为一样，而非觉得你在夸夸其谈……你要用故事把自己描述成一个值得信赖的人。

故事在讲述者和倾听者之间建立起一个情感连接，促使倾听者投入到讲述者的成功经历中去。当讲述者充满感情地讲述自己的故事，传达令人感动的内容时，倾听者会产生情感上的共鸣，感同身受，或者把这个故事与自己某方面的生活联系起来。这种连接将促使倾听者对你的故事投入持续的情感。

信息化时代和知识性人才时代似乎正在引领潮流，然而，Daniel Pink 在他的畅销书 *A Whole New Mind* 中指出，社会正在向"概念时代"前进，在这个时代，我们是"创造者与领会者""模式识别者"和"意义制造者"。故事在这个时代是一项重要的工具，因为它可以赋予我们"概括、融入并动情"的能力。Pink 把故事称作"因情感而丰富的情景"，他还告诉我们"故事是充满人情味的，因为故事几乎总是带来情感的冲击。"Gerry Lantz 来自 Stories That Work 这家专门利用故事树立企业品牌的公司。他在对比了故事和信息后指出，故事是易懂的、有吸引力的，可以引起回忆，唤起感情的，是含义丰富的，是右脑的创造性产物；而信息是理性的左脑通过分析、说明、评估和计划加工出来的。信息和故事都具有十分重要的意义。

帮助你脱颖而出

很多与你竞争同一职位的求职者可能具有与你相似的条件。但是，他们会把自身的素质用故事的形式，生动地展现给雇主吗？或许不会。如果你会，你就能在这些人中脱颖而出。

环顾你的周围，故事无处不在。广告商在电视和平面广告上不断讲述新的故事。在一个注意力持续时间很短的时代，商家深知故事是吸引顾客并与之进行情感交流的关键。越来越多的文学作品描述了讲故事和市场销售之间的联系，其中就包括了Warren Hersch的一篇探究讲故事对保险销售的价值的文章（Warren Hersch引用了财务规划师Mitch Anthony的“销售故事”一词）。“只介绍产品不足以激发一个消费者进行购买”，Hersch说，“顾客需要用故事来激发情感”。故事带来的直觉思维比分析式思维更容易导向决策。Hersch建议销售人员用“讲故事的方式与潜在顾客建立融洽和信用”。把“潜在的顾客”换成“雇主”，把“销售人员”换成“求职者”，那么，Hersch提供给销售人员的建议就立即适用于求职者了，他们需要把自己推销给雇主。

说明你能提供的东西

故事描绘了技艺、成就、价值、性格、素质、专长、优点等。雇主不希望仅仅了解你做过什么这种干巴巴的事实。他们需要实例、趣闻，需要生动的描述——这就需要讲故事。你可以把任何技能通过故事展示出来。（第二章将告诉你如何去做）Washington认为“用趣闻轶事来描述自己的工作技能是一个十分有用的面试技巧”。仔细审视一下你的生活和事业背后的故事，你将认识到自己是什么类型的人，你是谁，你能干什么，你有什么资质，你知道什么，你的价值在哪里，你学到了什么，你有什么成绩，你能为雇主创造什么。

描绘生动的画面

还记得小时候，父母给你讲故事或读故事吗？当时你的脑海一定像放电影一样呈现出故事的画面。求职者可以用生动，甚至娱乐性的故事在雇主的脑海中留下持久而栩栩如生的视觉图像。

提供解释，反映你如何应对改变

故事可以解释生活/事业中的关键决定、选择和改变。尤其可以向雇主解释那些关于你的个性和事业的故事，有关你应付各种场面的办法、冒险的行为、在压力下做出的选择、你的缺点、你从错误中学到的教训、你经历过的失败和脱轨事件。第二章会谈到更多和改变相关的故事。

展示你的沟通技巧

故事讲得好还能让你看上去是个优秀的交流者。在面试时有效地讲述故事可以带来的另一个好处就是展示你的沟通技巧，因为大多数的雇主青睐于能沟通顺畅的候选人。“结构化故事讲述”领域的著名学者 David Boje 在 1991 年写道：“擅长讲述或翻译故事的人似乎比那些不太擅长的人更能有效地交流。”同样，*Career Intensity* 的作者，David Lorenzo 写道：“我们会对那些擅长讲故事的人给予持续的重视。”

关于本书

这本书来源于我在联合研究院及大学对博士论文所做的研究，这篇论文是有关“结构化故事讲述”这一课题的。我对专家、学者们关于讲故事的应用以及这些应用如何有助于求职和事业发展进行了详尽的研究。我亲自面试过求职者，也和一些知名公司、机构的招聘人员、招聘经理和人力资源专家组成小组，进行过深入探讨，从而了解了他们对于求职者在履历、求职信和面试中讲述故事的反应。

本书分为三个部分：

第一部分，“推动事业发展的故事基本要素”：阐述如何构思一个雇主所需的成就和技能的故事。

第二部分，“在求职过程中运用讲故事的方法”：深入探究如何将故事融入到人脉建立、履历、求职信和面试中。

第三部分，“事业不断，故事不断”：如何将讲故事的策略应用到任职机构中——为了在机构得到提拔，或为了更好地交流以应对变化。

请相信，你的故事是独一无二的。本书将竭力引导你用各种方式讲述你的故事，推动你事业的发展。

目　录

第一部分　推动事业发展的故事基本要素

第二部分　在求职过程中运用讲故事的方法

第三部分　事业不断，故事不断

第一部分
推动事业发展的故事基本要素

第一章　典型的“你之”故事

在你构思展示个人技能和成就的故事之前，先想好一个或多个能展示“你是谁”的故事具有很大的积极意义。对于所有相关的故事，你都应该立足于那些“展示你的性格和独特”的真实信息。正如 Annette Simmons 在 *The Story Factor* 一书中给出的建议一样，故事能告诉别人“什么促使你这样做”“什么激励了你”“你重视什么”“你的目标是什么”“在危机或变革来临时，你会如何行动”。

在实际的求职过程中你可能用不上这些故事，但是你可以将其作为起点，更好地了解自己，并在此基础上构思那些展示你的技能和成就的其他故事。

“你之”故事的起点

这种类型的“你之”故事不同于我最初提出的概念。Simmons 创造了“我是谁故事”这一说法；而 Steve Denning 则将其称为“你是谁故事”。Simmons 的 *The Story Factor* 和 Denning 的 *The Leader's Guide to Storytelling* 两本书中都提供了构思“你之”故事的有效方法。

例如，Denning 建议道，故事的起点可以是年轻时最喜欢的一个地方；可以是你克服困难，渡过逆境的一件事；可以是关于你崇拜的或受其影响的人的故事；或者是关于你过去经历的一件大事。显然，“你之”故事可以来源于生活中与工作和事业不相关的其他领域；可以是你的任何经历。

Simmons 则建议，明确个人的一项优秀品质，然后据此构建你的故事。比如，这个优秀品质发挥积极作用的一次经历，你从哪个良师益友处学到这个品质，或者体现了该品质的一本书、一部电影。无独有偶，*Digital Storytelling Cookbook* 一书的作者 Joe Lambert 同样认为按照优秀品质构建有关成就的故事这一方法很有效。

Lambert 的另一个建议是，对于典型的“你之”故事来说，生活中决定性的时刻或转折点是极好的素材，这些素材通常来源于年轻人的青春期后期，因为那时的他们开始离开安全的避风港，规划自己的人生目标。

你选择从事某份职业通常都有着你自己的故事（请看本章 Shelley 的故事）。*Getting Your Foot in the Door When You Don't Have a Leg to Stand On* 一书的作者 Rob Sullivan 讲述了这样一个故事：一个年轻女子告诉他，她想去上护士学校，这样她就能帮助他人了。她给他讲了一个故事，她花了好几个星期，在她男朋友的医院，在病床边观察护士们对病人生活的影响。Sullivan 建议道，当你在构思关于职业选择的故事时，最好要点明你是从何时开始对你的职业产生兴趣的，具体是什么影响了你的职业选择，谁作为你的榜样影响了你（例如，我成为一名作家的原因之一就是我的父亲也是一名作家），你在学校学习或主动自学相关领域的知识，到达了什么程度。

由于典型的“你之”故事有不同的出发点，因此你可以构思多个故事，而不局限于一个。或许你也想多准备几个故事来展示你性格的不同方面。

专家建议你的故事要设定一个积极的基调。即使你的故事讲述的是件郁闷的事，你也要解释你从中得到了什么有益的教训。例如，我的儿子在读高中时，他的两个朋友，一对不幸的恋人，卧轨自杀了，这给他的心灵带来了很大的创伤。尽管如此，他懂得了要珍惜快乐，为活着而高兴，以及对爱和被爱的渴望。

尽管你可能把典型的“你之”故事仅仅视为引出故事发展的一个起点，但时刻谨记这个故事的听众是你潜在的雇主，或认识你潜在雇主的人，将对你很有益。想想什么是你最好的而又与雇主最有关联的技能和成就，什么是你独一无二的可以吸引雇主的卖点。

“你之”故事的典型范例

典型的“你之”故事至少要清晰地透露出你是谁、你的本质、你的主要性格。下面的故事范例就做到了这一点。

Kellie

我给我的学生布置了一个任务，让他们写一个典型的“你之”故事。下面这个故事是我最喜欢的故事之一，作者是我的学生 Kellie。

几个月前，我开始在一家医院工作，我妈妈在这家医院已经做了 10 年护士了。我曾经有一阵想过到卫生保健部门工作，但从来没觉得自己适合干这份工作。我是重症监护室和神经重症监护室的一名职员。我的工作就是执行医生的每一个命令，监视病人的心电图，把文件归档，接电话，把各种物品储备好。看护病人不在我的工作范围内，但我总是很乐意在护士们有需要的时候帮助他们，因为我知道我会学到更多知识，帮助自己成就梦想。

有一天我跟平时一样早上六点半去上班，然后开始我的工作。我注意到有一位小个子老头在我每次路过他门口时都会向我挥手。我也带着微笑向他挥了几次手，然后继续我的工作。在4～5次挥手后，我开始感到奇怪，为什么他那么喜欢向我挥手？

我走进他的房间，准备跟他聊聊，看看他是否需要什么，或者我可以把他的护士叫来。我刚一进去，他就叫我Kelsie，这个名字跟我的名字念起来还真像。我向他介绍了我自己，然后问他是否需要什么帮助，他说不。但是我似乎不应该告诉他我的真实姓名，因为他认定我的名字就是Kelsie，所以听到我纠正自己的名字时，他大笑起来。在之后的谈话中，只要他叫错了我的名字，我就会立即纠正他，而他又不断地纠正我。

我带着更多的疑惑离开了他的房间，比如他是因为得了什么病而住院的。我决定找他的护士谈谈，再看看他的病历。他的诊断结果与我们在重症监护室见到的大多数老年人没什么两样。从他的护士那里，我了解到他得了老年痴呆，只能记起一点点往事。

接下来的日子里，我继续我的工作，也在路过他的房间时，继续向他挥手，但我还是有些疑惑不解，为什么他要叫我Kelsie呢。一次，完成上午的大部分工作后，我走进他的房间，坐了下来，决定跟他好好谈谈。他的身体是被束缚住的，因为他并不知道他在哪里，如果不限制他，他会伤到自己，也有可能伤害到照顾他的人。

我坐了下来，他又一次叫我Kelsie，然后我们开始聊一些他能记住的事情，从他什么时候在海军服役到一些关于他家的事。我们聊得很开心，然后在他的要求下，我拆下了他的限制器，把他安顿到床上，让他更舒服一点。他对于能够“像正常人”一样移动和说话而激动不已。我问他，谁是Kelsie，他只是答道：“你知道Kelsie是谁。她就是你，我的小女儿。”除了笑，我真不知道还能说些什么，然后我继续与他聊天。

在我们聊天的过程中，他的大女儿和女婿走了进来，他们站在我的身后，静静地听我们聊天。我向他们介绍了我自己，他的女儿问我能不能和她谈谈。我向她解释了当前的情况，她也告诉我很多关于她爸爸的事情。她的妹妹 Kelsie 几年前死于一场车祸，但是和很多其他的事情一样，他不记得了。她告诉我，我长得和她妹妹很像，问我能不能假装 Kelsie 和他聊天，让他高兴地度过他短暂的余生。

我愉快地答应了。之后一有机会我就跟他聊天，听他讲他的故事和 Kelsie（我）的故事。一次，我又去找他，却看到他的病房被清空了，我的心也突然间变得空荡荡的。一个护士递给我一张纸条，这是他的大女儿写给我的，她在纸条上告诉我，他在昨天去世了，他最后的遗言是他爱他们每一个人，告诉 Kelsie，他也爱她。悲伤和欣慰的泪水交织在一起，涌出了我的眼眶。我对他的离世感到十分悲伤，但是，我更为他能在去世前和“Kelsie”聊天而感到欣慰。

从这个故事中我们能了解 Kellie 的什么特点？

- 她富有同情心
- 她充满好奇心而且渴望学习
- 她能给病人足够的关爱，远远超出工作的要求

如果 Kellie 只是在履历或面试中阐述，自己是个充满好奇心，渴望学习，富有同情心的，且致力于关爱病人的人。不管怎样，这些阐述都不可能比她讲的故事更有说服力，更能令人相信。也许在求职的过程中，Kellie 不会总有机会完整地讲完这个故事，但是，把准备故事作为第一步，她将对自己有更好的了解，认识到自身的一些关键特点，并且把这些特点在求职过程中清晰地表露出来。

让我们看看更多的典型的“你之”故事的范例。就像 Kellie 的故事一样，这些故事都能给人留下深刻的印象。但是，请注意这些故事与 Kellie 的故事的不同之处是前者阐述了学到的品格或教训。如果你把这些故事与 Kellie 的故事做比较，你可能会发现，如果听众根据故事展示出的性格特征来做决定的话，下面的故事会比 Kellie 的故事更具说服力，因为故事没必要每次都震撼或打动听众。

Abbie

Abbie 的故事讲述了她是怎样在经历了第一次公开演讲后，学会了接受自己不擅长的领域的。

当我走上扶轮社每两周一次的会议的讲台时，我的手颤抖着，手心都是汗。因为我获得了扶轮社授予的奖项，作为我们初中八年级学生的当月代表，我被要求为

扶轮社成员做一个简短的演讲。这是我第一次公开演讲。因为七年级的时候我接受了一年的家庭教育，变得非常内向，在人多的场合就浑身不自在。当我开始演讲的时候，我的心都快跳出来了。“我要感谢扶……扶……扶轮社……”哦，不！我犯错了，我甚至连第一句话都没说完。我的头脑乱成一团，脑海中就想着一件事——我连授予我奖项的扶轮社的名字都没念好，这太让人尴尬了。

演讲结束后，我跟几个扶轮社的会员谈论起来。他们的反应跟我预料的完全相反。他们没有提及我在念到扶轮社时的口误，相反，他们祝贺我，说我做得很棒。尽管我对他们的好意感到不解，但还是对自己的这次表现感觉好了一点。就是在那天，我意识到我还有很多事情要做。我明白如果想在商界做出一番事业，我必须学会在人群面前更加自信地演讲或说话。

这次演讲之后，我开始有意识地把自己放到令自己感到不舒服的、需要外向性格的环境中。很快，我被选为美国商业领袖佛罗里达州的区域副主席，这个职位需要我在200名或更多的学生面前讲话。我还被选为学生会主席，这个职位则需要我时刻与学校的行政部门、校长和学生们打交道。

在我高中的最后一年，我又一次被选为扶轮社的当月代表，又一次要在扶轮社的会议上进行演讲。而这一次，我不再紧张，充满了自信和兴奋。对我而言，这次演讲是检验我从八年级到现在取得了多大进步的时机。我走上讲台，说了几句开场白，非常适应当时的现场气氛。我还在演讲中讲了个笑话，而且笑话的部分还属于即兴演说。直到那一刻，我意识到人是可以改变的，只不过要看改变的愿望是否强烈。

对一个人而言，最难的事情莫过于改变自己并做到持之以恒。每个人都可以在一早醒来时下定决心：“今天我会做好改变的准备。”如此，随后的日子真的会发生变化。如果一个人连改变的意识都没有，那改变起来就困难多了。我是在扶轮社的第一次演讲后发现自己需要改变的。在此之前，我一直安于内向和羞涩，但是我意识到这种性格不会让我在未来获得成功。这次演讲是我生命中的一座里程碑，它让我意识到，走出自己性格的“舒适区”是多么有益。

Craig

Craig的故事揭示了他对团队协作的坚持以及鼓舞他人的技巧，以及为了成功而努力拼搏的精神。

以前的我是名足球运动员，对足球十分热爱。我从来不在星期六的早晨赖床。我会早早起床，穿好球服，系好鞋带，然后拥抱来自队友的友谊之情，没有什么比这种感觉更棒了。在球场上并不只有快乐和比赛。作为球队的队长，我有责任让全队相信，我们正在以坚韧的职业操守和强烈的团队意识来实现我们的目标。

整个赛季我都一直用言行激励着队友们。1996 年我们区的冠军争夺赛与之前的比赛并无不同。那是一个下雨天，草皮十分湿滑。我们的对手很强，在之前的比赛中曾击败过我们。上半场比赛就是一场战斗。双方队员你争我夺，互不相让。就在上半场比赛快要结束时，对方进球了，我的队友们一下子泄气了。上半场比赛结束的哨声吹响时，大家走向更衣室。在更衣室里，我看着大家，说："你们怎么了？我们还有半场的时间呢，我们可以打败他们。振作起来，我们大展拳脚的时候到了。我们付出了那么多辛苦，绝不能放弃。"几秒钟之后，一个队友抬起头说道："队长是对的，我们能赢。我们能够击败他们，他们只是进了一个运气球。"我又插嘴说道："如果你们有信心，你们就能做到。让我们在今天成为英雄。"

我们走出更衣室开始下半场比赛。下半场比赛中，我们真的进了一个球。当我踢走一个在禁区的球时，对方一名球员狠狠地踩了我一脚。我感到自己的脚有些不对劲，于是我爬出了场地。教练看了看我的脚，说我的脚趾骨折了。然而我们已经用完了所有的替补次数，如果我下场，我们队就会少一个人。我让教练把我的脚包扎一下，好让我继续比赛。当我再次上场时，他告诉我脚伤肯定会加重，我环顾四周说道："球队需要我。如果我不上场，球队会失去信心，可能会彻底失败。我不能让它发生，我不会让它发生。"于是我带伤坚持比赛。下半场比赛结束时，双方打平，进入加时赛。

伴随着痛苦，我努力保持着坚强的面容。所有人都知道我受伤了，所有人都知道我不愿意放弃大家。在我们的坚持下，比赛结束了，1∶1，我们进入了点球决胜的环节。我希望最好不用轮到我踢球，所以我说我踢最后一轮。就这样，点球一轮一轮踢了下去。轮到对方踢第 10 个点球时，他们的球员把球踢到了横梁上，点球比分为 9∶8。这下轮到我了。我走上前，把球放在罚球点上。然后我听到了哨声，跑动，踢球。由于碰到了我的伤脚，疼痛感让我无法忍受，所以我径直倒了下去，没看到这个球进了没有。当我听到运动员和观众的叫喊声时，我想我肯定让全队失望了，于是我张嘴说："对不起，伙计们，我搞砸了。"然后我听见有人喊道："你在说什么呢？我们赢了。"我抬头看去，球进网了。队友们围着我，说他们很高兴我能坚持到底，没有我，他们永远也无法做到。

我为我总是朋友们的坚强后盾感到自豪，无论别人需要我做什么，我都是靠得住的。对我而言，那一天将永远是特殊的一天，因为我知道我没有让队友们失望，为了帮助团队实现目标，我将不惜任何代价。

Shelley

Shelley 的故事阐述了他幼年时的一个事件，对一个家庭成员影响巨大的事件，而这件事促使了 Shelley 职业道路的选择。

每一个人都有一段对他们的人生之路产生重大影响的童年记忆。下面这个故事就影响到了我的人生选择。

我还记得 1995 年的 8 月，这是我一年中最喜欢的季节，因为附近邻居的孩子们都会来游泳池游泳。我一边游一边看大家玩，除了我的妹妹。我到现在还能想起那个场景，她坐在池边台阶上，看着其他的孩子们开心地玩耍，泪水从她的脸上滑落。一切都是因为 3 个月前发生的一件事。

5 月的一天，妈妈带我和妹妹去一个市政府新建的人工湖玩。那天妹妹在湖里游泳了。就在那天之后，她开始感到不适。第二天，妹妹在学校玩一个电话游戏，一个孩子在她耳边小声地说了一个词，但是妹妹听不见，那个孩子又轻轻地说了一遍，但她还是听不见。她觉得自己的耳朵可能出问题了。放学后，妈妈带她去了医院。医生检查出她的耳朵里有细菌引起的肿瘤。造成这种情况的细菌只存在于被污染的水中。显然，市政府没有采取措施来保证湖水的安全，我对此十分愤怒。后面的几个月，妹妹不得不接受多次的耳部手术，但是细菌的伤害程度太大了。多次手术之后，妹妹的左耳完全丧失了听力，右耳也只剩下部分听力了。

直到现在，妹妹都要时刻小心，不能把耳朵弄湿，因为肿瘤还会复发。丧失听力给她的学校和个人生活带来了很多不便。由于政府的制度和法律不够完善，我的妹妹丧失了听力。这段记忆让我决心努力成为一名律师，这样我就能为人们的权利而战，将对别人造成伤害的人绳之以法。这段经历激励着我为成为律师而刻苦学习。它带给我决心、动力和激情，让我决意要出类拔萃，不能让未来的客户失望，不能让妹妹失望，不能让我自己失望。

Matt

Matt 的故事显示了他的持之以恒。

在我作为一名韩国制陶大师的学徒期间，有一个月，我制作的作品（多数为小件作品）屡遭厄运。其间，一场雷雨把我工作室的一件作品震下了架子；另外一件在烧窑时化成了矿石。下一个月，我全身心地投入到我做过的最大、最好的一件作品。这件作品花费了我整整一个月的时间。后来，有一天我去工作室，准备给它做一些收尾工作，以便拿去烧制，但是我的霉运好像还没有离开，我走进房间，看到的是一堆黏土碎片，我的作品已经粉身碎骨了。查找原因后我发现是我用的黏土不够好，当然，后来我还要找一家新的、可靠的卖黏土的公司，因为我还得买新的黏土用。

整整一个月的辛勤劳动都打水漂了，而且这还是我那时做过的最好的一件作品。我看上去像世上运气最差的倒霉蛋，换作大多数人可能都要打退堂鼓了，然而我对完美作品的坚持和追求是不允许我放弃的。虽然我感到十分失望，但是我把这种气馁和绝望当作了追逐目标的动力，我还要做一个更好的作品。于是我又用了一个月的时间从头开始。终于，我做到了。

这一次，我的作品更庞大，而且比我以前的所有作品都更好。我把我所有的才华都灌注了进去，最后的成品也让我非常满意。我把它拿到各种艺术展上展出，获得了众多奖项和奖金。很多人想买下它，甚至有人开价 1000 美元，但我不打算售出，因为我还能从展览中获利。最终我从当地一家机构获得了最高的奖项和奖金，还让我的作品成功入驻市中心著名美术馆。

这次经历让我懂得，任何时候我都不能放弃我的目标，因为我有能力解决我所面临的一切。我的坚持和咬定青山不放松的韧性使我在遭遇挫折和不可控因素时依然斗志昂扬。面对各种情况，解决各种问题的能力让我获得了一个完美的作品，这个作品不仅令我倍感骄傲，甚至还帮我支付了所有的大学学费。

Andy

Andy 戏剧性的故事描述了在飓风灾难时他帮助别人而获得的满足感和喜悦之情。

2004 年的秋天，也就是我刚开始上高三的时候。飓风查理、弗朗西斯、伊万和珍妮袭击了佛罗里达州。我的家乡位于东海岸和西海岸的中央，正好可以躲开汹涌的潮水和肆虐的狂风。但是，这并不是说我们就没有受到影响。飓风还是带来了连绵不断的大雨。在一个季节出现一两场飓风很正常，不会有什么严重后果。但是四场呢？城市的排水系统无法在短时间内承受这么多的降雨量。当第三场飓风来临的时候，停车场和马路已经严重积水。小镇周边已经被淹没，汽车消失在了水中，因为土壤中的水分饱和，树木被连根拔起。

我和父亲决定开车去周围看看飓风对我们这个片区造成了多大的破坏。一路上我们看不见什么东西。院子里有些横倒在地的树，到处都是树叶、小树枝和溢满雨水的水沟。在路过邻居家的后院时，我们看见有两三个人正忙着用水桶、扫把和一个用发电机驱动的小水泵，堵截一股正在向一所房子逼近的水流。我和父亲很快就认出了其中的一名男子，我们马上停下车。这个绝望的试图从洪水中拯救他的房子的男子正是我的牙医，Dutter 医生。从我开始记事起，他就是我的牙医了。我和他的两个女儿曾乘坐同一辆校车上小学。我们下了车，Dutter 医生一边忙乱地对付着不断上涨的水位，抢救他的房子（没有投保），一边跟我们打招呼。现在的问题是他们的排水速度不够快，也不够远，根本无法取得进展。

我立刻赶回家，拿了一个水桶和几条旧的游泳池用的水管。这样我们就能把水管接到水泵上，把水排到马路对面通向树林的排水沟。即使我们做了这么多，大水依然缓缓地漫向低洼处的房子。Dutter 医生的一个朋友打电话给一家可以租赁工业设备的商店，想租一个更大的水泵。我们现在的排水效果和浇花园的水流差不多。只有在小镇另一边的一个地方有一个新的水泵，但是没有新的水管跟它匹配。不仅如此，Dutter 医生也没车，他的家人带着值钱的东西搬到亲戚家去了。似乎这些还不够，这家租赁商店还有不到一个小时就要关门了。看起来这个房子是要在劫难逃了。

我自告奋勇地表示可以开着我的卡车带 Dutter 医生前往那家租赁商店，看起来这是把他的房子从洪水中抢救出来的最后一搏了。我们足够幸运地在商店关门前赶到了那里。我们去取那个水泵是抱着一线希望的，希望能碰巧找到匹配的水管，或者有人恰巧去退水管。但是，我们还是不够幸运，没有得到水管。这一趟显然是白跑了。不过，天无绝人之路，这家商店的常客，一个承包商，碰巧进来了，商店经理把我们的情况跟他说了。这个顾客有一条多余的水管，而且正好和我们的水泵匹配。到现在我都认为这是上帝的庇佑。他回去取来了水管，不到半个小时，我们有了水泵还得到了免费的水管。一位陌生人的无私帮助令我为我的社区感到自豪，无论是困难时期还是庆祝时刻，社区的人们都凝聚在一起。

我们急忙赶回 Dutter 医生的家，我们士气高涨地安装上了工业抽水泵。这天剩下的时间我都在帮助 Dutter 医生（每 6 个月我才会见一次的这个人）拯救他的家，用借来的水泵和一个容量 5 加仑的水桶与脏水战斗。当夜幕降临的时候，我的父亲（他的腰不好，没法帮什么忙）又来了，看看情况怎么样了。Dutter 医生开始夸赞我，感谢我们的帮助。他告诉父亲我帮了他多少忙，他对我的印象有多好。听他当着我的面赞扬我让我觉得很尴尬。当时我觉得我只是做了任何一个人在这种情况下都会做的事。直到现在我还是这么认为的。我只是觉得帮助他，做一个友善的邻居是快乐的。他的房子安全了，至少在下个飓风季节来临之前是安全的，我为自己参与其中感到骄傲和满足。

没过多久，一封感谢信和一张运动用品商店的礼品卡就寄到了我的手中。感谢信很温馨，我很高兴他决定明年购买水灾险。但是关于那张礼品卡我觉得很不好意思。我帮助他从没想过得到什么回报，我这么做仅仅是因为我知道他需要我的帮助，而且这么做是对的。当然了，我也不敢拒绝他的礼物，这会冒犯他。我会好好地使用它。当我回想起那天的情景，我一直清楚地记得他是多么的感激我的帮助，又是多么的惊讶，因为我只是一个十几岁的高中生，我竟然能够帮他做这么多事。这段记忆对于我的整个人生都是一个奖赏，帮助了一个需要帮助的并且珍惜他人帮助的人。这段记忆会永远提醒我，和别人一起做一些有意义的事情是多么的令人满足。

小结

在构思个人基本的故事时，问一问自己，什么样的故事能够最好地表现出典型的我？（就像上文提到的，你可能会发现，你需要不止一个故事来说明典型的你）准备好这些故事，第二章及后面章节提到的那些故事，准备起来就要容易得多了。

第二章　如何准备事业促进型故事

在准备好第一章所说的典型的“你之”故事之后，你需要知道如何延伸出关于技术、能力、专长、个性特征、价值和成就的故事。但是，到底怎样构思这些故事，怎么才能知道你的故事要涉及哪些方面，以及如何组织你的故事呢？

本章提供了事业促进类故事的框架，阐述了如何将这些故事运用到求职沟通（履历、求职信、面试）中。它指导你确定故事中要展示的技能，提出如何构建故事的建议。本章末尾部分主要就如何构思展示特殊技能的故事进行探究，尤其是至关重要的处理变化的能力。首先，你需要知道如何筹划或构建一个故事。

故事构建方案

职业咨询专家们对于如何构建用于求职的故事，已经开发了大量的方案和便捷的缩略语。这些方案有着共同的一点，就是通过描述你面临过的情形、难题或挑战，为你的故事铺设背景；说清楚你是如何应对相关情形，解决难题，或直面挑战的；还要说明行动的效果。效果的表达要量化，比如使用数字和百分比就特别有效。除此之外，你还可以选择性地加上你从这些经历中学到或收获的东西。

下面是专家普遍使用的一些故事方案，以缩略语的形式来展示（请注意一些方案很常用，但是其创建者不为人知，有明确创建者的缩略语在括号内有所显示）：

- CAR：挑战、行动、成效
- CCAR：背景、挑战、行动、成效（由 Kathryn Troutman 创建）
- PAR：问题、行动、成效
- PARLA：问题、行动、成效、学习、应用（由 Donald Asher 创建）
- SAR：状况、行动、成效
- SCARQ：状况、挑战、行动、成效——量化（由 Steve Gallison 创建）
- SHARE：状况、障碍、行动、成效、评价（由 Fred Coon 创建）
- SIA：状况、影响、分析

• SMART：附带度量标准的状况、行动、成效、关联（由 Susan Britton Whitcomb 创建）

• SOAR：状况、障碍、行动、成效

• STAR：状况、任务、行动、成效

Carole Martin 在她的 *Boost Your Interview IQ* 一书中，也列出了如下四种方案：CAB（挑战、行动、表现），SBO（状况、表现、结果），SAO（状况、行动、结果），还有 SPARE（状况或问题、行动、成效、热情）。这些故事方案主要是针对面试的，你可以在第七章找到每一个方案的故事样例。

针对求职过程的每一步，构思不同长度的故事，囊括一定量的具体信息。

构建履历故事

把履历中的故事用着重号的形式进行叙述，这样才能迅速吸引雇主的注意力。叙述每个故事的时候最好都用这种方法，这样雇主就可以对你所取得的成就一目了然了。下面就是用着重号列出的某位求职者的多项成就：

• 通过监督外部供应商和快速的推行，在 2 个月的期限内，提前让在线日程安排系统、时间和出勤率记录系统、工资管理系统正式运行。

• 降低工资支付差错率 25 个百分点，节省了一半为雇员安排工作日程和解决与日程表相关问题的时间。

• 通过定制一些报告来追踪劳动与利益分配，将花在报告上的时间减少了 25%。

• 由于“为提高工作效率而成功推行并参与设计”，获得卖方颁发的管理委托证书。

更多关于履历的故事，请看第四章。

构建求职信故事

为你的求职信构思一段更详尽的故事。在下面的例子中，求职者在求职信中用段落的形式讲述了同样的故事。请注意求职信的内容不应该再次重复履历的内容，所以，即使你要在两者中强调同一项成就，也请改变一下语言和构建故事的方法。

当我领导的项目组取得了超出预期的成绩时，我表现出了很强的项目管理能力。这个项目是从外部采购一套系统，使我们可以将日程安排、时间和出勤率，以及工资等事宜进行联机操作。我们不仅没有超出 2 个月的限期，还减少了工资支付的差错率，节省了一半给雇员安排工作日程并解决与时间表相关问题的时间，另外，还减少了花在报告上的时间。更让人高兴的是系统的卖方为我们颁发了一个管理委托证书，感谢我们为提高工作效率而成功推行并参与设计该系统。

更多关于求职信的故事，请看第五章。

构建面试故事

你需要准备一个更加详细的故事版本，要用谈话的形式。这是为面试准备的故事。

我们公司曾经为这些问题伤透脑筋：如何安排雇员工作日程，如何监督雇员的在岗时间和出勤率，以及如何将这些因素与工资联系起来。我们需要一套系统，最好是在线的，可以提高效率，节省时间，减少错误。当管理层决定从外部采购这套新系统时，他们指派我来带领一支项目团队。我们的时间很紧，只有 2 个月，但是在我的带领下，团队不仅在时间上提前完成了任务，而且完成结果也超出了预期。在我的指导下，这套系统的联机使用非常成功。工资支付的差错率减少了 25 个百分点。公司在为雇员安排工作日程和解决与时间表相关的问题时也节省了不少时间；事实上，节省了一半的时间。我们还通过定制报告来追踪劳动与利益的分配，节省了做报告的四分之一的时间。我们的工作做得非常好，让系统的功能发挥得更好。系统的卖方还专门为我们颁发了一个管理委托证书，对我们的“为提高效率而成功推行并参与设计系统”的工作表示肯定。

更多关于面试的故事，请看第七章。

确定你想在故事中突出的特点

一旦你了解了展示成就的求职故事的基本结构，那下一步就是决定在故事里突出显示你的什么特点了。你需要在讲故事的时候，展示你的目标职位所需的，也是雇主正在寻找的技巧、能力、价值和知识。以下是相关步骤：

1. 找出十几份你想要应聘的工作的招聘广告，不论是报纸还是网络上刊登的招聘信息。

2. 列出这些工作所要求的技能和特点的关键词。（参照本章后文中雇主所需的

技能和品质的列表）

3. 现在，把这些招聘广告共同列出的技能和特点的关键词挑选出来，制成一个表格。

4. 为表格里的每项技能和特点，构思一个故事，可以显示你是如何在你的职业生涯甚至在你的个人生活中成功地展露了这个技能和特点的。

5. 确保你所准备的这些故事来自于你的生活和事业的多个方面，不要仅仅取材于你的一份工作或一项业余活动。最好来自于你近期的经历。雇主渴望知道你最近都干了些什么，能给他的机构带来什么利益。

故事构建策略

请记住，一个成功的故事必须是真实的，而且要在恰当的环境下讲述。下面这些想法有助于你的故事架构：

• 你人生中的某个时刻检验了你是否具备这个技能或特点。

• 你人生中的某个人或事件让你懂得这个技能或特点的重要性。

• 你没能按照这个技能或特点来做事的某个时刻，你决心再也不重蹈覆辙。

• 某个电影、书、故事或事件很好地体现了这个技能或特点。

（以上 4 条来自 Annette Simmons 的两本书，*The Story Factor* 和 *Whoever Tells the Best Story Wins*）

• 你在发展这个技能或特点的过程中的一个转折点。

• 一个有关你用这个技能或特点克服了一个或多个困难的故事（摘自 Stephen Denning 在 *The Leader's Guide to Storytelling* 一书中的建议）。

• 一个典型的灰姑娘式的故事，曾经是一个失败者，但是使用了这个技能或特点后，反败为胜。

• 一个英雄式的故事，你用这个技能或特点做了一些出人意料的事，从而转危为安。

• 你曾经用一种诙谐或自嘲的方法来使用这个技能或特点。

（以上 3 条来源于 David Lorenzo 的 *Career Intensity* 一书）

• 一个故事，讲述了与这个技能或特点相关的任务和工作。

• 一个大事年表，说明一年来你是如何发展和提高这个技能或特点的。

• 一个例子，说明你在个人生活（相对于事业）中运用这个技能或特点。

• 在发展这个技能或特点的过程中出现的相同模式。

• 你运用这个技能或特点所得到的效果。

• 你在发展和运用这个技能或特点时得到的教训。

• 在不同的情况下，你运用这个技能或特点的不同方法。

• 你曾经的某个优点或缺点，导致你发展了这个技能或特点。

• 某个你在工作中感到激情四射，充满活力的时刻（这个技能或特点引发了这种感觉）。

• 一个或多个故事，说明你总是重复地谈论自己的工作（在这些故事中不断突出你的这个技能或特点）。

• 如果你能用一个故事讲明白你的工作是做什么的，这个工作需要什么技能或特点。

（以上 3 条来源于 Cathryn Wellner 所著、Lori Silverman 编辑的 *Wake Me Up When the Data Is Over*：*How Organizations Use Stories to Achieve Results* 一书的"故事提示"部分）

下面是一些使用了上述构建方法的故事范例。第一个故事的主人公认识到自己的一个特点，即可从事的职业类型：

我认识到我适合从事的工作就是能为人们的生活带来改变的那些工作。前 20 年，我在电视新闻领域工作，坚信人们应该拥有知情权。过去的 6 年，我在教育领域任职，帮助教师和学生。我的终极目标是成为部门主任。

下面这个故事描述了主人公的一项被个人生活而非职业经历所磨砺的技能：

在帕克斯堡的救济站为穷人提供免费食物的头一年，我意识到自己具备很好的解决问题的能力。我觉得我可以做更多的事情。于是，我想每个学期结束，学生们搬出宿舍的时候，他们可以把那些不容易变质的食物放进一个箱子，而不是直接扔掉，然后我就可以把这些食物拿到当地的食物银行去，用来救济穷人了。最终，我一共收集了 6 卡车的罐头食品和干货食品，要知道，这些本来是要被扔掉的。

下一个故事讲述了主人公没能施展的一个技能或特点，然后他下决心绝不再犯：

在我第一次以地区经理的身份接受评估的时候，我得到了从未有过的最低分，领导能力也遭到了怀疑。我立刻意识到，晋升到了一个新的职位，我还有很多需要学习的地方。于是我暗下决心，以后再也不要得到这样低的分数了。之后，我竭尽全力地学习，这种对知识的渴望成为我强大的动力，让我在今年获得了很高的评估成绩。

下面这个故事描述了一项技能接受考验的时刻：

我每天的工作就是解决问题，但是最近的一件事让我的解决问题的才能得到了真正的考验。起因是有个女人向我询问，为什么我们要返还部分的保险费给她。她是一个新的投保人，年保险费报价是 2 900 美元，她也按这个数字付钱。但是在电脑上，她的年保险费是 2 500 美元，所以我们把差价返还给她。我的第一感觉是她享受了一个折扣，但是当我计算了折扣率后，却发现对不上。然后，我又反复计算了各种不同的折扣组合，结果我还是没搞清为什么她的报价和实际保险费不一样。我意识到我还是没有找到根源。我决定亲自动手地把她的保险单从头开始报一下价。在这个过程中，我突然发现她的申请表上的生日写得模棱两可，可以被看成 1925 年或者 1928 年。我把这两个年龄的报价都算了一下，终于找到了差别的原因。我还是按照那个较低的费率支付给投保人相应的费用，因为支付交易已经完成了。

下面这个故事描述了一个转折性事件，让主人公认识到了某个技能或特点的重要性：

上大学时，我选了一门叫作辩驳及辩护的课程，学到了一个非常重要的概念叫作模型加工。这是一种逻辑性的思考方法，包括三个部分：主张、理由、辩解。主张就是你的论点；理由包括你的证明、证据或背景；而辩解就是联系这两者的逻辑性跃进。理论本身肯定比我上面说的内容要稍微复杂点，但是这种思考方式已经成为我理性思考的固定模式，这也是我在大学学到的最有价值的一门课。当我遇到问题，需要决策的时候，我就会运用这种思考方式。我会将每一个可能的结果都配上一个理智的，符合逻辑的论点。因此我能看到哪里存在弱点，不管是在理由方面，还是在辩解方面。我将论点进行比较，确定最具说服力、最经得住考验的论点，并一以贯之。以最少的代价取得最好的结果也是我决策时的一种实用方法。

最后这个故事描述了主人公过去的一个强项，促使其发展相关技能或特点：

我一直都对机器是如何运作的很感兴趣。当我和家人去度假时，我总是设法坐在飞机的窗口位置，只是为了看飞机的副翼和减速板在起飞和降落时的动作。随着学业的继续，我越发渴望把我的知识运用到一项以人为本的事业中去。虽然我喜欢机器，但是我更乐意把我的机械才能用在一个能给人们的生活带来积极影响的公司。我就是喜欢帮助他人。

应对变化的故事

故事中包含大量的技能、特点和价值是很重要的。但是，“变化技能”可以说是最重要的，因为它还包含了许多雇主所看重的其他技能。如果求职者或在职员工能够成功地通过讲故事显示出他的领导能力、沟通能力、应对变化的能力，那么他会比其他的求职者或员工拥有更大的优势。

原因在于：保持稳定曾经是公司追求的目标，但如今，残酷的变革成为常态。学者们认为，现在，变化不再是可有可无而是必需。没有变化，公司将缺乏成功所需的竞争力和远见卓识。有些专家将当今这个深度变革的时代与工业革命时代相比。变革的步伐比历史上任何时期都要快，公司面临的挑战越来越大，领导者对变革的频率和速度也越来越重视。据 J. W. Moran 和 J. M. Mead 在 2001 年的 *The TQM Magzine* 一书中所说，1966 年，一个新产品或新服务要 6 年时间才能进入市场；1996 年，这个时间是 18 个月；而如今只需要 5 个月。

变化的理由

什么是造成这场势不可挡的变革呢？下面是几个真实的故事，讲述了一些主要的缘由。

业务流程再造

我曾担任过一个整改项目的团队领导。我的团队负责对执行管理层进行整改。我们没有内部管理层整改的专业知识，因此一家咨询公司承诺请一位专家来协助我们开展整改的设计和推行工作，然后再把相应的知识传授给我们。当设计和推行工作取得进展的时候，大量的变化急需管理人才将成为令人担忧的事实。然而，咨询公司没能给我们提供整改管理层的专家。由于我负责这个项目，而变革管理没有得到妥善的解决，我便成了代人受过的替罪羊。我真的开始害怕这个工作了。这个项目面临失败的危险，因为那个咨询公司没能提供合适的专业知识。最终，我们期望达到的结果没有实现。而我从中学到的教训就是要相信自己的直觉，而且要及早地获得别人的支持，这样就不会因为缺乏所需的专业知识而成为替罪羊了。另外，我开始乐意接受一些额外的培训，这样我也就可以获得所需的专业知识了。

公司所有权的改变

当其他雇员知道这个消息的时候，我已经为出售公司工作6个月了。我能把工作做得很好，不管有没有人帮我。如果有什么事发生，我也会快速适应变化。

雇员的更新流动，特别是管理层

在我以前的部门，产品管理部门，一年内平均要换4～10个领导。我在那儿工作了两年，就换了5个上司。如果需要什么来说明变革的发生和世事无常，我想，这就是个再清楚不过的例子了。我的前一任上司在一年内有过12个老板。这是一种又快又频繁的转变。人们都在努力让自己获得部门需要的技能。你被分派了一个项目，然后你不得不去学所有关于这个领域的东西——然后另外一个部门也需要这个技能。他们会说："我们可以把那个人挖来吗?"然后那个人就离开了，或者那个人转到了另外的部门。

技术变化

管理层完全改变了我们这个项目的原始码。我们不得不重写代码以及所有的东西。面对这种情况，我们制订了一个应对管理变化的计划，以确保在有限的时间内完成任务，达成目标。我们把任务分配给不同的人，大家都对自己的任务负责。

客户基础的流失

我们大学流失了很多入学新生，为了维持生源，我不得不给每一个学生都提供一对一的客户服务，努力应对这个变革。我试图为每个学生解释他需要了解什么，才能获得录取和得到经济援助。他们一般都会再次回来找我。我一直在适应并学着做更多的事情，因为副校长一直在要求我"保持住，把生源保持住，保持住，改变任何需要改变的东西。"我必须在没有人帮助的情况下，尝试每一种可行的方法让我的工作更富成效。

观察家和研究人员还认为变革的驱动力来自全球性竞争、等级观念的打破、质量改进项目、日益增多的创业举措、成本的降低、精益生产、顾客期望值的提高，和随之而来的改善客户服务的动力、放松管制、私有化、金融资源的扩大、行业差异的模糊化，以及工业行业和服务行业的分界线的淡化。另外，外包和离岸生产，以及其导致的裁员，正逐渐成为可接受的管理工具。即使是非盈利部门也无法避免受到变革的影响，它们同样面临着各种问题：经费缩减、新增客户，以及大量增加服务项目的需要。

虽然很多变革旨在改进公司机构的盈利能力，有些变革则是源于一些意想不到的事件所引起的破坏性动乱，例如，2001 年的 9・11 事件、卡特里娜飓风、SARS 的爆发、2003 年的美国东北地区大停电，还有 2008 年的金融危机。未来变革的外部驱动力可能包括油价的上涨、流感的威胁。在下面这个故事范例中，9・11 事件导致了公司的裁员：

我刚到一家大型酒店管理公司的培训和发展部任职的时候，9・11 恐怖袭击严重打击了旅游业，我们不得不开始减员缩编。我的任务就是和其他领导团队的成员一起做出一些艰难的决定，并且制定一些有关这些决定的标准——以保证我们对每一个人都是公正、公开的。培训和发展部的员工基本上都是最先走的人。我们充分考虑了各种情况，制定了标准。

讲故事为有抱负的人提供了一种创新的方法，帮助他们进入公司，在公司持续的变革中获得成长。反过来，变革也为故事提供了一个有利的讲述背景。

例证变革技能的故事

你有办法在竞争中脱颖而出。例如，你可以在履历、求职信，或者面试中讲故事，讲述你是如何把变革看作是一个机遇而非阻碍的，就像下面的这些范例。

我曾经是一家公司的顾问，这家公司以前是在一个大型的政府承包商旗下。这个承包商决定把它的商务部门卖掉，从而专注于军事应用领域。一个风险投资集团买下了这家公司，于是新公司失去了原先的来自政府承包商的财务主管。新公司重新招聘的几个人也总是无法胜任。这是一个非常具有挑战性的环境。我在这家公司工作了 6 个月，带着他们完成了第一年的年终结算，同时也担任了该公司的第一位财务审计。我和他们一起迎来了新的财务主管的到任，我用了几个月的时间帮他适应这个工作，并且给他进行了全面的培训。作为一个顾问，你必须要机智而且高效，因为客户希望很快就能看到结果。你必须要迅速地了解公司的基本结构，认识主要成员。然后你还要快速地了解他们的各自特点和做事风格——然后找到改进的方法。

培训中心的战略性关闭和重新定位是一场重大的变革。而我是这个变革的领导者。我的主要压力来自于人们在这个过渡过程中的不满和各种模糊不清的理解。在面临压力和误解时，我的风格是尽量找到一些富有成效的方法，既能用于个人，也能用于更大的集体。于是，我选择采用积极的方式来应对这次变革，并在兄弟单位的培训中心提供职业提高课程。我还跟其他公司合作，设计了一个发展规划，以此来支持管理人员和普通员工顺利过渡。这个计划包括了对中心领导层的一对一指导，以及对整个团队提供的单独培训课。这些课程很受欢迎，上课的员工都对这些课程给予了很高的评价。

我现在正在做一个项目，提高顾客服务领域的效率。其中一个方面就是对顾客服务部门处理邮件的方式进行更好的管理。我问那个负责收取和分发信件的办事员，她是如何工作的。她说她从邮箱取出信件，看一下收件人，然后就把信件分发下去，让别人去处理了。我问她，如果信件丢失了，会发生什么。我们怎么对信件进行跟踪？如果有人没有及时地对发信人的要求进行处理，我们怎么才能知道？我向她提出了很多问题，涉及很多真实的或者假设的情况，这些问题可以说明她是否有计划来应对这些情况。这个员工一开始对她的工作很自信，为自己的勤奋感到很骄傲，并没有觉得仅仅把邮件分发下去是远远不够的。但是经过我们的谈话之后，她开始从我的视角来看待这些问题，也开始接受新的思想和新的变化。我需要她的配合，这样我才能让她的工作发生变化，创造更大的价值。我们一起开发了一个流程，可以保证顾客的要求不会被忽略。

我工作的银行开始实施一个贷款程序集中化的政策。客户提出申请后，这个申请会受到批准或拒绝，走一下流程或填报其他的材料，然后回到分支银行，让客户进行签约。虽然程序得到了简化，但是，面对面了解客户和贷款情况的机会就失去了。如果银行雇员没有办理贷款的经验，他甚至都没法回答客户关于贷款的最简单问题。虽然这个政策节约了我的很多时间，但我感到客户被轻视了。于是，我向老板建议，把程序做一个小小的调整，安排一个简短的与客户见面的机会。老板赞同了我的想法。现在，我们做到了两全其美，既与客户做了面谈，也没有在简化的程序中占用大量时间。

我的工作是组织管理各种活动。在项目经理们组成的各个团队中，我都是其中的佼佼者。我有来自各个产品领域的许多销售代表，不断地充实我的顾客数据库。他们也需要知道谁是他们的销售对象。我会和他们共同协作，经常问他们一些问题，比如，预算是多少？你准备邮寄出去多少件？你想给这些人打电话？或者，你想采用哪种媒体？我要保证每一个团队得到他们想要的人群统计数据。而我把各种要求加入这些数据。如果一个团队从来没有改变过他们的想法，也从来不要求一个不同的人群统计数据的时候，我会感到很惊讶。有时候一些无法预测的事情，比如一场飓风就可以让某个团队无法向受灾地区邮递物品，这时，我只能重新收集数据，再重做一次。而且并非只是一个团队会有突然的变化，有时候所有的团队会一起发生变化。我最怕在上午7点的时候听到我的寻呼机响了，因为一个项目经理可能在昨晚睡觉时有了一个新的想法："哦，我想知道有多少潜在的客户会使用指甲油。"但是，不管他们的要求是什么，我都会说："没问题，我一定能做到最好。"我喜欢分析事物，享受这种忙碌和不断超越自我的生活。改变是我的动力。我喜欢改变，因为这又是一个新的挑战。

有些变革不是由公司发起的，而是来源于那些想转变职业的雇员，这已经成为一种日益普遍的现象。关于21世纪人力资源的发展趋势，非营利组织的首席执行官John McMorrow预测道，跳槽将成为常态而非个例，部分原因在于"雇主和雇员之间的诚信度在减弱"。跳槽者也应该准备一些恰当的故事，讲述为什么跳槽，以及如何适应这一过程，就像下面这个例子：

我做出了重大改变，从一家私人律师事务所帮人打官司到作为公司的内部律师做事务性工作。以前我替人进行高额诉讼，工作地点大部分是在外州。所有的幕后工作都是我做的——所有的文件起草和调查研究——我找不到工作的兴奋点。比起一天花11个小时在电脑前搜索，写东西，我更愿意在法庭上辩论。我不喜欢写那些冗长的备忘录和申请书。但是，事务性工作就不同了。我喜欢它是因为我可以处理各种不同的事件。几乎每天我都跟客户见面，看看他们对某项事务有什么样的需求。他们都是内部客户，比如销售部的员工。对现在这份工作，我还没有感到厌倦，我很开心。这可能是我第一次感到上班是件令人激动的事。

更多跳槽故事请看第三章到第七章。

Harvard Business Review 的两位撰稿人Ibarra和Lineback认为，用生动的故事讲述你从一个角色转变到下一个角色，从一个公司跳槽到另一个公司，有助于听众对你的成功产生兴趣。如果讲述者是求职者而倾听者是雇主，这种兴趣将是个不错的预兆。两位撰稿人描述了一位求职者精心准备并讲述了自己经历的破产、转机，和迅速重组的故事，他最终获得了雇主的推荐和面试的机会。在另外一个例子中，一名工作者在明确了自己的职业兴趣后，坚定地做出了职业改变。之后，每次在他写求职信，参加面试，或者在网上与朋友交流的时候，都会讲自己的这个故事。

展示革新能力的范例

当你想跳槽寻求事业的进步时，革新能力应该是你的故事中的焦点。下面是专家学者给这些技能的定义：

- 对公司愿景的展望能力
- 针对转变的规划能力
- 取得信任的能力
- 培养和创造一种新环境的能力，这种环境可供人们进行考察，提出建议，对新的执行方法进行试验，在新的平衡形成时，揭露一些不协调的东西
- 控制变革对公司和个人产生影响的能力
- 培养领导力的能力
- 与公司的个人和集体交流，以及解释关于变革的6W问题（谁、什么、何时、何地、为什么、怎样）的能力
- 引领变革的能力，一言一行都与变革相关，能成为公司的榜样
- 使用公司内部语言沟通的能力，懂得社会技术系统、市场、生产、财务、人力资源和法律的专业知识
- 将赏罚与结果联系的能力
- 创造的能力
- 革新的能力
- 实践的能力
- 承担风险的能力
- 跨部门工作的能力
- 在未获管理层支持下工作的能力
- 行动能力
- 对早期迹象（如中断、破坏、威胁、机遇）拥有察觉能力
- 拥有抱负及承担个人风险的能力
- 分析能力，尤其在工作流程、系统和财务方面
- 灵活驱动的能力
- 不懈奉献的能力
- 减轻负面影响的能力

- 操纵政治的能力
- 巩固事业的能力
- 具备业务知识
- 从个人及他人经验中学习的能力
- 协调公司目标和实际发展趋势的能力
- 协作的能力
- 制定并调整目标的能力
- 角色扮演及转换的能力
- 交流沟通的能力
- 向上管理的能力
- 自信
- 坚持奉献，实现革新的能力
- 不断提高自我的能力
- 应对能力
- 创造力
- 提供优质的顾客服务，为已经满意的顾客发掘新的服务的能力
- 持之以恒
- 对公司有利的、本职工作以外的其他事务的发现和处理能力
- 对变革的热情
- 交流能力
- 领导能力
- 管理能力
- 专业技术能力
- 灵活处理问题的能力
- 一名优秀的企业公民，不拘泥于现有的惯例和程序
- 对个人的风险和未来的不确定性有很高的忍耐力
- 按公司需求主动学习的能力
- 影响力，并能用多种策略发挥影响
- 创新性和想象力
- 渴望创造与众不同的内在动力

- 促进影响、领导和管理的人际交流能力
- 谈判技巧
- 开放合作的能力
- 开阔的心胸和视野
- 信任他人
- 探索解决办法的能力
- 对政治的敏锐度
- 解决问题的能力
- 专业的精神
- 对变革带来的挑战的意识能力
- 对必要的全面变革的认识能力
- 耐力
- 对变革过程和内容的尊重
- 责任感，包括变革管理层的个人责任
- 自我监督的能力
- 自力更生的能力
- 对变革的系统的管理能力
- 提高团队效率的能力
- 专业技能
- 对公司的设想进行质疑的能力
- 恪守承诺
- 转变领导行为的能力
- 高瞻远瞩的能力
- 愿意倾听和分享的能力

雇主寻找的其他技能和特点的故事

虽然在求职过程中，革新能力是你在讲述故事时首要涉及的内容之一，但雇主还渴望看到你的其他技能。下面就让我们看看除了革新能力以外的其他技能吧。

关于“收获”故事的提问

作家Karin Hurt和Dennis Metzger建议，要从有关技能的故事中有所“收获”，首先你要回想你成功展示了相关技能的所有经历，然后再想想每次经历中包含的任务，问问自己以下问题：

• 是什么让这件事成功了？

• 谁是主要角色（如老板、同事、下属、客户或者供应商），他们处于什么样的状态？

• 你在这个故事里扮演了什么角色？（这个问题很重要，因为求职者经常讲述成功的团队项目，但忽略了阐明自我角色，从而没能给自己加分）

• 这些角色做了什么特别的事情？

• 这件事的每一个阶段都发生了什么故事？这些故事有什么相同的主题？

• 这些故事中的角色和情节有什么不同？

• 你从中学到了什么经验或教训？

这两位作家还建议读者，要好好考虑一下背景和情节，以及你的技能和你要传达的关键信息，同时，还要考虑你的听众是谁。根据不同的雇主，根据他们对每一个技能的看法，你可能会调整你的故事。Hurt和Metzger还建议要明确每一个故事中的各种细节。对此，求职培训专家Dick Gaither完全认同。他还推荐求职者认真考虑以下细节，比如，你以前在哪儿工作？故事发生在什么时候？你是怎么卷入故事中的主要事件的？这件事持续了多长时间？结果如何？故事怎么样才能表明你能够为你的下一个雇主带来更多的利益？你还要问一问自己，你所描述的事件中有没有一个决定性的时刻？这个事件在多大程度上改变了你的生活？你对这个事件的感觉在几年后有变化吗？

将故事赋予生命力

Simmons认为通过感官细节的陈述，将故事赋予生命力是个很好的讲述故事的方法。只要有可能，就要让你的听众能看到、感觉到、听到、嗅到、尝到故事的元素。Kerr Inkson在他的*Understanding Careers*一书中写道：戏剧性的、紧张的情节和对变化的描写可以把读者和听众带入你的故事里。

在你选择故事的时候，你还要考虑听众的需求。Seth Godin在其*All Mistakes*

Are Liars 一书中说道，你所讲故事的世界观必须与你的听众——也就是雇主的世界观一致。Godin 列出了那些总是能迎合消费者的故事主题。如果你把雇主看作是消费者，那么求职者就是提供技能和经历的卖家，你可以用一些同样的主题来准备你的故事：你为了让工作更有效率而走过的捷径，创造利润的方法，你怎样让工作场所更安全，以及你如何让工作更有趣。Godin 还把“虚荣心”当作成功故事中的一个话题；找到合适的机会来满足雇主的虚荣心，你可以在故事里谈谈你对该公司或该面试官的钦佩和敬仰。也许你已经是这个公司的产品多年的忠实用户了。或者，你也许看过这个面试官的演讲，读过他写的某篇文章。

明确并阐述重要的技能

构思一个故事可以很好地帮你明确你最喜欢用的技能。也许你拥有一些雇主想要的技能，但是，如果你没有使用它们的经历，最好避开强调这些技能的工作。

What Color Is Your Parachute ?（每年都会重印）一直是最畅销的求职类书籍，其作者 Richard Bolles 在此书的最新版本中讲到了一个“7 个故事”的练习，这个练习不仅可以指导求职者准备关于成就的故事，而且能够让求职者明确并优先考虑有助于他们求职的技能。针对每个故事，Bolles 都建议求职者确定一个想要实现的目标、一个阻挠你的障碍、一个对于你如何实现这个目标的方法的详细描述、一个结果、一个对结果的评估（如果可能的话，量化结果），以及你实现这个目标所用的技能。准备好这 7 个故事之后，把你用过的技能挑选出来，然后根据你对这些技能的喜爱度，进行优先选择。

下面是专家认为的雇主最想要的技能和品质：

- 适应性技能和可转移性技能（对跳槽者很重要）
- 行政管理技能
- 分析思维能力
- 专业技术
- 证书和学位
- 交流能力
- 精通电脑，擅长技术操作
- 成本节约能力
- 创造力

- 顾客服务能力
- 咨询能力
- 企业家/创办能力
- 成功/好成绩或品质的表现
- 人际关系良好
- 语言技能
- 管理/领导/监督能力
- 自我激励的能力
- 多元文化/跨文化/国际的背景
- 多元任务处理能力
- 组织能力
- 问题及纷争解决的能力
- 改进程序的能力
- 量化技能
- 研究、战略和规划能力
- 销售/营销能力
- 既有团队精神又能独立工作
- 教育/培训的能力
- 时间管理能力/在截止期前完成任务的能力
- 强烈的学习意愿/快速学习的能力
- 接受出差及调动
- 职业道德/职业化素质

更多展示重要技能和特点的故事范例

团队领导的能力

我是自己选的大学。我之前的越野教练并不支持我的选择。他建议我去另外一所学校，因为在那所学校我可以拿到越野项目的全额奖学金。但是，我觉得在那个学校，学业任务和越野跑的比赛任务对我来说太繁重了。所以我选择了现在的学校。我认为在这里我既能取得优异的学习成绩，也能轻轻松松地比赛。我的中学教练对此并不看好。他说："你犯了这辈子最大的错误。"他又说，另外的那所大学有一个更好的越野系，我可以加入一个国家级的队伍，和他们一起参加比赛。我反驳道，只要有好的领导能力和奉献精神，任何队伍都可以是国家级的。当然了，他对我的话嗤之以鼻，再次表示这是我错误的选择。

入学后，我发现教练对这个学校的队员的能力和性格的看法是对的。队员们没有积极性，竞技能力也不强。不用说，他们每一场比赛都会输。其他三个新生队员和我一起决定改变整个团队的态度。但是，新老队员之间的矛盾是不可避免的。当我们赢得比赛时，老队员感觉他们低人一等了，于是就引发了团队内部的冲突。不管怎样，我还是决定劝说团队要保持团结，拧成一股绳。最后，老队员退出了队伍。在夺得了我们州的冠军后，我们又进入了国家级比赛，我们将和我的教练曾经推荐我去的那个大学的队伍进行对抗。我们赢得了对抗，把他们踢出了前三甲。这个故事的寓意在于，当我挑战自己，完成一件不可能的事情时，我的奉献精神、品格、领导力和毅力都得到了磨砺，当然也帮助了我的团队。

设定目标的能力

我在一个贫穷、不完整的家庭长大，高尔夫球是我的最爱。我省吃俭用攒下进入高尔夫俱乐部的费用，后来在当地的一家俱乐部花了 180 美元成为一名初级会员。在两年间的每一天，我穿过树林，走向球场，在那里玩耍、练习、比赛。我的高中就这样过去了。终于，我在俱乐部找到了一份工作，可以给自己买一些生活必需品了。我想在大学继续打球，但是没有符合我要求的大学。所以，在大学前的那个暑假，我参加了很多高尔夫比赛，而且几乎赢得了所有比赛。为了成为一名更好的全能选手，我把这个暑假所有的时间都用在了训练上。终于，在大一这一年，我成为高尔夫专业球员，并免除了所有资格赛，因为我在第一场职业比赛中就取得了非常好的成绩。这么多年过去了，打高尔夫球的职业决定已经完全改变了我的生活。

我没有放弃我的梦想，虽然我还比不上老虎伍兹，但是我意识到，我所做的所有决定都是基于一个事实——我喜欢这项运动，更重要的是我从不放弃目标。

职业道德

我的继父是我的行为榜样，给我的一生以极大的影响。他教给我做人的品德，他还教我吸取生活中的艰难教训，而这些教训有些人学得太晚或根本就没学。举个例子，他教我学会捍卫自己的价值。当继父家的孩子不愿意接受我时，他跟我说，当人们排斥我的时候，我应该采取主动，学习如何应对这种情况——我应该做点什么获得他们的关注。很快，我就学会了召集几个人打牌或者玩些有趣的游戏，从而把注意力都集中在游戏上了，而不是与他人的冲突。后来我意识到，我还从中学到了创新的作用，可以提振团队的活力。

还有一次，他教我努力工作的价值。一天，我自告奋勇地去收拾院子。在割完草坪之后，我感到厌烦透顶，又热又累，大汗淋漓。活还没干完，我就想离开了，但是他说我不能走。后面几个小时，他离开了之前阴凉处的舒服椅子，监督我拔草、浇水、施肥、修剪和整理花坛。从这件事上，我学会了做一件事只完成一部分是不对的，因为别人希望你能全部完成；通常，完成一件事要做很多工作；总是有人坐在舒服的椅子上看着你工作——我希望在生活中也成为一个监督者。

决策能力

当我在一家摄影公司做接待员的时候，有一天来了一个人，声称是一个学生的父亲，领取那个学生的照片。我让他出示取件单，他说忘带了。正常情况下，如果那个学生和父亲或母亲一起来，并且证实是他的父母亲，我们是会把照片给对方的。但是那次的情况却不同，学生没有来。所以，我没把照片给他，他很生气，然后就离开了。那天晚些时候，另一个男人进来也要取那些照片，但是他有取件单。于是，我就把那天早些时候发生的事告诉了他。他告诉我，他的孩子被人跟踪了。我从监控摄像里提取了那个跟踪者的影像，打印出来贴在了柜台后面，提醒其他店员，不能把那个学生的照片泄露给这个人。事实证明我的决策能力阻止了危险情况的发生，因为这个人后来还不断地到店里来，假装他是那个学生的父亲，向其他店员索要照片。

为顾客服务的能力

我是一家音像租赁公司的顾客服务代表。一次，一位愤怒的顾客在10分钟内给我的语音信箱留了3条信息，要求我赶紧回电话。我联系了这位顾客，这会儿他显得更加生气，因为他给我打电话的时候我正在开会，没有接听他的电话。顾客解释说他之所以生气是因为他刚从我们这儿购买了忠实会员卡，但没过几天，我们就免费发放这种会员卡了。我向他道歉并询问我能帮他做些什么。他说他要拿回自己的钱而且也不想当会员了。我答应把钱退给他。然后我买了一张感谢卡片送给他，随卡片附上了退给他的钱和一张免费的会员卡。在和他的电话交谈中，我注意到，有几次他在冲自己的孩子叫喊，所以我还附上了2张孩子使用的免费赠券。我感谢了他对我们生意的照顾，对没有达到他的期望表示歉意，同时邀请他带着孩子来免费租赁音像制品。我还附上了我的名片，告诉他如果他在任何一家我们的网点遇到任何问题，就直接给我打电话。他收到我的卡片后打电话给我，说这是他在不愉快的购物体验后，受到的最好的待遇。我再一次感谢他对我们公司的惠顾，说顾客是我们的上帝。如果他不高兴了，我也不会高兴。

KSA（知识、技能、能力）陈述

KSA，名字来源于知识、技能和能力的首字母缩写，是与履历非常相似的最初用于政府部门招聘的文件。KSA 还是职业营销沟通的一个重要方面，讲故事在其中扮演着积极的角色。在你应聘一个政府部门工作的时候，一般会被要求提交一份 KSA 文件，包含一些典型的故事，描述你是如何展示 3～6 组的 KSA 的。有时候一些非政府部门的岗位也会有相同要求。

KSA 给你提供了一个可以详尽地展示技能的机会，并以此区别于你的竞争对手，而你可以用故事的形式来做到这一点。Jay Christensen 作为 *On-the-Job Communications for Business，the Professions，Government，and Industry* 一书的合著者，鼓励那些进行商务沟通的学生去撰写关于职业经历的故事，这样就可以按要求展示他们的知识、技能和能力了。使用 KSA，你可以构思一个故事，再使用本章提到的故事框架，你就可以描述雇主要求你展示的知识、技能和能力了。Christensen 表示："KSA 是关于求职者一些工作经历和生活方式的故事。"与大多数用于求职的故事一样，KSA 也要尽可能地包含结果和技能。

下面是 KSA 故事的范例片段（针对每一个问题的一个完整的 KSA 陈述，大概占一页到一页半的篇幅）。

知识

合同：我有与合同打交道的大量经验，也有合同解释方面的专业知识。救世军（1865 年创立的基督教组织）挑选我主导和卫生保健产品供应商之间的合同谈判，这次的谈判涉及数百万美元。对于处理有关合同法的事务，我也有专业的工作经验。我在南科姆通信公司当过 3 年多的内部律师，工作就是审查、协商和管理合同。我的合同解释能力得益于我之前从事专利律师顾问的工作经验，因为在合同解释和分析上，二者都是相通的。

技能

在面对各种复杂的问题时，我具备独立工作的技能，可以迅速地在不同阶段的审查下做出十分准确的决策。我非常尊重独立工作的价值，无须监督就能增加整个部门和公司的生产力。作为一个合同律师，在文件审查的每个阶段，我都独立地工作。律师事务所雇用我就是因为他们知道不必监督我的工作，我就可以创造高质量的业绩。

能力

在很短的期限内，在一个快速推出产品的环境中，我具备高效而熟练地组织和开展工作的能力。作为南科姆通信公司的内部律师，3 年多的时间里，我在一个快节奏的工作环境中游刃有余。公司产品的推出期限非常短，而且与公司的销售和利润底线直接相关。我的工作就是尽可能多地履行租赁以及其他的房地产协议，同时要尽量降低公司所承担的风险。租不到合适的地方，就无法在交通繁忙的区域建设更多基站。所以公司需要我的组织能力、工作熟练度，以及在合同谈判时迅速逆转的能力。除了保持速度之外，我还成功地在完成业务目标和控制公司负债之间取得了平衡。

小结

你已经获得了相关技能的信息，这些技能是你准备用在你的故事里的。你也知道了如何组织和构建你的故事。现在你可以考虑如何在你的求职过程的各个阶段应用这些故事了。

第二部分
在求职过程中运用讲故事的方法

第三章　用故事进行人际交往

“人际交往”常常被人误解，其实它指的就是建立联系，你可以获得他人的支持，可以好不尴尬地向他人讨教想法、建议，以及向有能力雇用你的人或能给你提供职业帮助的人获取推荐。讲故事为建立这些联系提供了一个绝佳的途径，因为讲故事具有感情投资的价值。和仅仅罗列一些你本人的情况相比，讲个好故事，能让你受到更多的关注。

本章将介绍用讲故事进行人际交往的两种基本方法：

• 准备一个简短的自我介绍，言简意赅地告诉联系人你是谁，你在寻找什么样的工作。这个谈话通常被称作“电梯演讲”，但是，在本章，我们把它叫作“电梯故事”。你可以准备多个版本的电梯故事，以应对多种场合。

• 在你的联系人中建立一个“咨询委员会”，让他们审核你的求职故事并提出改进建议。

电梯演讲成为电梯故事

现如今电梯演讲已成为一个普遍使用的工具，不仅在求职中被广泛应用，也被公司和个人用于销售产品与服务。很多关于电梯演讲的网络文章对这个名词的来源进行了推测：最初，人们总是认为我们经常在电梯里碰上重要的人物，向他们推销自己就形成了电梯演讲；如今，另一种解释得到越来越多的认同，电梯演讲就是讲一个清晰、简明的小故事或故事的一小部分，而花费的时间刚好是电梯从底层运行到顶层的时间。

无论出处来自哪里，电梯故事都是一项适用于多种场合的有效工具：

• 专门设计的社交谈话内容。

• 几乎每天都有偶然的社交机会——孩子的足球比赛、航班上的搭讪、排队买票时的聊天等。

• 招聘会。

• 主动给雇主打电话。

• 如果打给雇主的电话未接通：把你的电梯故事以语音留言的形式告诉雇主，基本上雇主都会回电话。提示：如果你的故事极具说服力，那就下班后再给他打电话，这样你的留言肯定能被雇主接收到。这是 *Career Change Resumes* 一书的作者 Rita Fisher 的建议。

• 抓住任何与上级老板谈话的机会，让他知道你的工作做得多么好，完全可以得到提拔。

• 在面试时，电梯故事至少能回答两个基本的面试问题："介绍一下你自己"和"我为什么要雇用你?"（参见第七章"在面试中讲故事"）

对于电梯故事的理想长度，专家们意见不一。有的专家认为应该短到 15 秒，有的则认为可以长达 3 分钟。但是，你完全可以同时准备长短不同的版本。毕竟，不同的版本适用于不同的情况。

电梯故事就是基于故事形式的自我介绍，适用于那种你碰到了很多人但是可能和任何一个人都不会深谈的场合。最重要的是你要让你的自我介绍吸引人，也就是用讲故事的方法让别人愿意花更多的时间和你交谈。在和你潜在的联系人进行初次电话沟通时，你也可以讲述你的电梯故事。

结构和范例

下面是电梯故事最基本的结构：

你好，我叫________。我在________行业工作，我在找________的工作。

最后一个空要填上你目前的事业抱负，你可以选择继续待在之前的行业，晋升业内高层，或者转行。

下面是一个经过稍许润色的范例：

你好。我叫 Indra Ghee，我是一名卓有成就的、发表过论文的资深科学家，有 12 年的分子生物学领域的研究经历。

大学生或刚毕业的职场新人可以在电梯故事的基本结构里，加入下面这些内容：

你好，我叫________。我将要（刚刚）从________毕业，拥有________学位。我向往________。

上面的结构太干瘪了，无法给人留下深刻的印象。因此，你需要往里面填充内容，让它变得饱满起来，把你的背景和卖点等细节加进来，就像下面的例子：

你好，我是 Joe Fredericks。我是一名优秀的项目执行主管，有着在美国海军和私人机构长达 15 年的领导和业务管理经验。最近，我成功领导了一个对存取控制系统硬软件的再设计项目，为公司降低了 35%的运营成本，并且提高了该系统的性能和可靠性，增加了一些特色功能。

我叫 Valerie Obermarle，是一个极具创造性、善于思考的人。我拥有创新的视野，高岗的道德品质和职业操守，能有效地与各个管理层进行沟通，以及建立高效的多功能团队的能力。我负责公司的战略性发展。

你好，我叫 Jim Swing，刚刚从 MBA 毕业，有会计专业资格，有长达 3 年的处理各种会计事务的实践经验。

你好，我叫 Tim Tejera，一个技术娴熟、满腔热情的计算机科学专业的应届毕业生。我掌握了广泛、实用的知识，无论是关于最新的硬件和编程技术，还是多种软件应用的专业知识。我可能看上去像个在校学生，但是通过使用恰当的软件工具、改进调试方法，以及安排及时的个人培训，我使得嵌入式软件的上市时间提前了 25%。

我是 Janet Singleton。我认为自己是个卓有成效的机构发展专业人士。我在项目领导、需求评估/认定、资源鉴定和程序/改革促进方面有 10 年的工作经验。在我受聘为一家雇员人数从 8 人增长到 25 人的公司，并建立人力资源部后，我主动改善了医疗福利，并且开发了一个处理福利登记数据的系统。

你好，我是 Cynthia Bee，是一名注册工业工程专家，我在医疗诊断制造业和个人用品制造业从事了长达 8 年的相关工作，还从事了 5 年的物流工作。

你好，我是 Jack Burnham。作为一名勤奋的、具备多项技能的成功人士，经过硕士期间的税务培训，我已经准备好为贵公司的税务研究、分析和计划方面的工作贡献力量。我还具备解释税务代码、规章、规则和判例法的专业知识，并擅长为合作者、公司、个人、遗产及信托公司准备纳税申报单。

你好，我是 Jenny Swade。我刚刚取得工商管理硕士学位，想在一家新成立的公司实践机构发展理论。我不仅有很强的分析、量化、研究和计划能力，还有领导、社交和人员管理方面的能力。通过评估新系统和选择卖方，我大大提高了我们公司的定价竞争力。

你好，我叫 Andy Fellows。我是一个创业市场专家。我在建筑业和市场营销行业下的多个领域有长达 15 年的辉煌成就。我成功地开展了学术产品销售业务。我将软件直销给世界各地的大学、渠道合作者和出版商，培育新的业务增长点，并提高顾客基数，通过努力，我在12个月内把学术产品市场扩大了70%。

你好，我是Kimberly Jackson。我是一名顾客服务专家，在行政管理和技术支持方面有扎实的基础知识，在维护内外部客户的公共关系，团队建设，技术培训，质量保证，合同谈判和活动策划方面也具备十分丰富的经验。

你好，我是Ed Kendall。作为一名国际市场销售顾问，我在4个国家启动欧元转换项目，同时改进客户关系和控制项目成本，最终实现了超出50%的总盈利增长率，创造了50万美元的新增收入。

你好，我是Sandra Dinkleman。你可能会对我最近稳定了公司一团混乱的经营状况并提升了顾客服务的事情感兴趣。我改进了顾客服务标准，与同事一起提升了公司的形象，并激励了员工的士气。

把人际关系融入故事中

不妨坚持使用一个基本的、简单的电梯故事，看看效果如何。或者你可以用一些吸引人的话来导入你的故事，这也可以戏称为“引诱式谈话”。一旦你在故事的开头加入一些吸引人的内容，接下来的谈话就能更轻松地起到作用。请看下例，看看一个用引诱性故事开头的谈话是如何展开的：

谈话人甲：你好，我叫Tom Jacobsen。我生来就是个十分幸运的阿肯色州人。

谈话人乙：此话怎讲？

谈话人甲：因为我生于7月11日。我十分幸运地遇见过两位总统，里根和克林顿，还见过世界首富——已经逝世的山姆·沃尔顿（Sam Walton）。上帝保佑我生在一个幸福的家庭，我有1个兄弟和3个姐妹。这个家庭给我灌输了明确的价值观，在教堂和社区的义工活动中，我的价值观又得到了进一步的确立。值得信赖和诚实是我的性格特点。我生性喜欢安静，是那种“坚强而沉默的性格”。但是我并不是个乏味的人，我很幽默，我甚至还养过一只宠物鹅。我想通过辛勤的工作来实现个人目标。

下面是另一个例子：

谈话人甲：你好，我叫Aleksandra Auersperg。我热爱团队工作，相信分享智慧是成功的关键。

谈话人乙：你指的是？

谈话人甲：我是在一个提倡团队协作的环境中长大的，团队成员互相给予分享、鼓励和支持，我们一起工作得很开心。举个例子，在斯洛文尼亚（中欧南部的一个国家），团队合作就是一切，是生活最基本的价值观。我以前所有的工作都处于需要集体配合的环境中。我坚信两个人出主意总比一个人强，而且两个人能获得的东西总会比一个人多。

再看一个例子吧：

谈话人甲：你好，我叫 Barney Joiner。没准你会以为我是个皮条客，但，我不是。

谈话人乙：那太好了。

谈话人甲：我有 PMP 证书，虽然 PMP 的发音和皮条客（pimp）一词很像，但实际上 PMP 指的是项目管理专业人员。我很看重结果，接受过硕士学位的高等教育，在项目领导、产品开发、项目启动和执行，以及特殊客户管理方面具有真实的业绩记录。

作为引诱故事，最让人担心的当然是看上去没有新意或故作玄虚。然而事实上，这是无法避免的。我承认，在搜寻这些电梯故事的时候，我觉得它们都是些陈词滥调。但是，它们的确很管用——可以成功吸引你的谈话对象，让他渴望更多地了解你。

大胆提出要求

即便是最吸引人的电梯故事也经常会缺少一个重要部分：对听众的要求。下面是一些可行的要求，你可以根据不同的场合，把它们加在电梯故事的结尾处：

在招聘会上："我想要一张你的名片。我把我的联系卡片和履历留下了。不知道你能不能把我列在贵公司的面试名单上？"

在线聊天的情况："请问你有什么建议给我？你能推荐几个老板让我联系吗？"

主动打给雇主的电话："请问我们可以约个时间见一下吗？讨论一下我能为贵公司做出怎样的贡献。"

电话或电子邮件的场合："我可以把履历寄给你吗？"（凡是你亲自到场的场合，你都应该带着履历）如果你的履历是电子版的并且已经发到了网上，你可以说："请登录这个网址参阅我的履历（说出网址）。"

扩展电梯故事

在有更多时间谈话的场合上，例如，在和联系人吃午饭的时候，或者在拜访对方办公室的时候，你都可以扩展你的电梯故事。一般情况下，较长版本的电梯故事需要1～3分钟，能包含更多的有关你的背景、教育和技能的信息。

你当然不希望在陈述扩展了的电梯故事时像是在背课文。不管怎样你只是在谈论自己，所以陈述材料肯定不难记。先把它以提纲的形式写出来，然后念上几遍，接着再练习把它讲出来而不是念出来或者背出来。可以在朋友面前练习一下。如果忘记了一些细节也不要紧，只要你能记住你要表达的主要内容就可以了。

下面是一些范例，都在300～400字之间。记住，讲这些故事的要点在于不要完全照着纸上写的讲。把它们写下来是为了促进你的记忆，让你用一种轻松、自然的方式来讲述。

我从小就渴望成为一个生意人。我清楚地记得，我童年里的很多夏天总是来得很早，走得很晚。每到这个季节，我就会在家门口开一个柠檬汁小摊，主要卖给邻居和偶尔过往的UPS快递员。我的摊位上有鲜艳的招牌和带装饰的桌子，用来吸引顾客。后来，我对卖柠檬汁感到厌烦了，把顾客群体锁定在了同龄人上。于是，从那一年开始，我就收集快乐儿童套餐的玩具。当下一个夏天到来时，我会在红色小推车上装满漂亮的玩具和小玩意，把它拉到我的摊位，和柠檬汁一起卖。

后来，由于我对新奇事物的渴望，我把柠檬汁小摊转交给了我的妹妹们，决定到其他大街上去发展新的生意。我和最好的朋友Ashley一起开了一家叫“Maggie和Ashley的小店”的店铺，这是个新的尝试。我们想卖些首饰。于是，我们买来装珠子的盒子，然后把盒子装满五颜六色的线和各种珠子。在盒子的内盖上，我们记录订单，然后根据使用的线和珠子的数量来决定价格，以及预计交货的时间。我们还用在学校学到的计算机知识来设计和印制业务名片呢。

审视过去做过的一切，我对自己当时的态度和行为感到惊讶，我一直有着严谨的工作态度，努力确保商品的质量，并注重细节，这些都是直到如今我一直秉持的品格。从产生想法，到动手实践，再到让这些想法结出硕果，我在实现梦想的过程中找到了激情和活力。这么多年来，我不仅学到了永不放弃，还懂得了如果有些事这么做行不通，那就找一条新路。我非常欣赏埃莉诺·罗斯福的一句名言：“未来属于那些相信他们的梦想是美好的人。”我永远不会停止追寻更大、更好的梦想的步伐。

我从 10 岁起就开始玩垒球快掷。我经历过打不到球，三击不中出局的尴尬场面，甚至还在比赛中受过伤。但是，我就是喜爱垒球，而且从这项运动中我发现了生命中最珍贵的东西。我认识到作为团队一分子的重要性，以及在执行比赛计划时有效交流的必要性。通过以身作则和激励他人做到最好，我培养了自己的领导能力。最重要的是，垒球教会了我只有热爱目标并全力付出才能取得成功。因此，努力工作和保持耐心是成功的关键。

由于上述故事来自童年，显得非常温暖人心，也令人感动。当然，大多数的电梯故事还是来源于职业经历，就像下面的例子：

从我刚满 18 岁起，我就跟着父亲操持家族生意。父亲和我拥有一家公司，我们的公司涉足不同的业务领域，主要是房地产开发和水利工程。我们把重心主要放在水利工程的业务上，因为我对再生能源很感兴趣。我把自己的兴趣告诉了父亲和整个工程师团队，我获得了大家的支持，决定组建一个公司做一些研究。2 年后，我们公司获得了所有必需的政府许可，开始了第一个小型水利项目。斯里兰卡有两个雨季，还有一个中央山地区，在这里开发水电再好不过了。这个项目于 2007 年 9 月开始启动，已经成为我们最能盈利的子公司之一。这个项目带给我的经验和自信将为我未来的事业提供动力和指引。

我的最大特点就是和为我带来效益的人打交道的能力。举个例子，我的第一个零售业管理岗位是管理一家位于索萨利托的新开张的自主经营的宠物店。我的目标是在两年时间里盈利。我雇用并建立了一支具备相关知识，经过严格培训的员工队伍。我对市场进行了调查研究，以便正确地经营宠物店。我与社区建立联系，让人们在我的店里享受愉快的购物体验，从而培养客户忠实度。我还着手开展对成本和库存等项目的管理。所有这些举措都得到了很好的结果：该社区宠物店的年营业额达到了 125 万美元。我还有很强的平等意识，在领导团队的经历中这种意识得到不断的加强。我喜欢设定目标，也乐于鼓励他人实现他们的目标。当我与某些关键的人物接触，并向他们询问一些能促进目标实现的建议时，我非常大胆而执着。事实证明，我具备出色的沟通能力和敏锐的眼光，能抓住重点，发现那些拥有才华，能帮公司取得成功的人。

建立个人顾问委员会来预审求职故事， 给予修改建议

社交的有效用途之一就是能找几个亲密的人建立一个顾问团，在你找工作的时候为你提供指导和支持。顾问团的成员们可以和你分享一些真实的面试经验，向他们征求意见时，你也不会感到不安。他们可以帮你审查你准备的求职故事，并提出改进意见，帮你构思和陈述故事。让他们先针对你的优缺点给予反馈，然后询问那个最了解你的人你有哪些优点，最后将故事围绕这些优点展开构思。

用顾问团检测你的故事。让他们在听或读你的故事时，把自己置身于雇主的立场，用雇主的心态做出反应。你可以利用他们的反馈来润色和完善你的故事。

WorldWIT 的创始人和 CEOLiz Ryan 在商业周刊网络版上发表了一篇文章，推荐同事之间互相交换履历阅读，“寻找最出色的故事”。

利用信息化访谈，扩大你的社交圈，信息化访谈指的是与业内人士进行非正式的交流。你可以利用信息化访谈了解更多和工作相关的信息，和业内人士建立联系——但是不要直接向他们索要职位。通过他们，你可以了解行业趋势，让你的故事更加贴合业内正在发生的事情。问问那些面试过的求职者，业内的精英或骨干具有什么别人没有的能力，然后把相应的素质整合进你的故事里。

专家归纳的故事结构准则

在你准备和构思电梯故事时，专家归纳的下面的一些准则可以给你以启示，使你可以建构最棒的故事。记住，在求职的场合，故事倾听者的潜台词或许就是“为什么我（或者我的老板）要雇用你?”

你会注意到，几乎所有的专家都达成这样一个共识：你要在倾听者面前强调雇用你的好处，并说明你比其他竞争者更优秀。这条准则包括很多其他的东西，例如，独特的卖点、价值主张、利益陈述、竞争优势、实际成果，以及区别。但是其主旨都是一样的——你能给雇主带来什么，你怎样比其他人做得更好？讲故事是回答这些问题的一个个不错方式。

Tony Jeary

Tony Jeary，*Life Is a Series of Presentations* 一书的作者，提供了下面这些准则，教你如何准备电梯故事：

1. 明确你的听众。

2. 明确你的故事内容或主题。

3. 明确你的目标。

4. 明确你想要的形象或风格。

5. 明确你的关键信息，将你的故事围绕它展开。

Marisa D′ Vari

作家、演讲家、咨询专家 Marisa D′ Vari 建议：准备一个电梯故事，应该先写下相关产品（在这里，就是你自己）的 3 个关键点，然后围绕这些关键点，和如何为雇主带来利益而展开。

Jean Hanson

下面是注册专业网上助理 Jean Hanson 推荐的准则：

1. 我是谁？（介绍你自己）

2. 我在什么行业或领域工作？

3. 我现在处于什么状况，我想处于什么状况？我现在是什么职位，我想要什么职位？

4. 我的独特卖点是什么？我和竞争者的区别在哪里？

5. 讲一个简短的故事，基于已取得的成就，把雇主能从我的技能中得到的利益描绘出来。

例如：

1. 我是谁？

你好，我是 Thad VanIderstine。

2. 我在什么行业或领域工作？

我是有线电视行业的战略行动执行官。

3. 我现在处于什么状况，我想处于什么状况？我现在是什么职位，我想要什么职位？

我想在一个高级职位上，通过参与多领域的运营，和开展战略转化让公司的利润加速增长，使公司增值。

4. 我的独特卖点是什么？我和竞争者的区别在哪里？

一个成功的经理人必须能够及时地提供有效的反馈意见，同时要允许员工有一定的自主权，帮助他们提升能力，给予他们发展机会。我以前是一名成功的经理人，因为我能做到以身作则。

5. 讲一个简短的故事，基于已取得的成就，把雇主可以从我的技能中得到的利益描绘出来。

举个例子，当我被要求管理一个项目的时候，某个团队正在努力开展该项目，但他们无法有效管理外包业务。所以我教授他们如何举办与承包商相关的会议，并减少开会次数，确保每个人都承担相应责任。结果表明，这次项目管理是非常成功的，我获得了团队的尊重，避免了由于我临时接管该项目，大家可能产生的愤怒情绪。管理高层也开始重视开展该项目的团队。

Randy Dipner

下面这个准则要求你先调查一下目标雇主，再把你的电梯故事讲给与这个目标雇主有联系的人听（改编自 Randy W. Dipner 的 *Meeting the Challenge*，*Inc*. 一文）：

1. 列出目标雇主。将他们归类，然后选定一个。

2. 明确需求或机会。也就是说，这个雇主正面临什么严峻的问题？

3. 从你的工作、职务或贡献方面来定义你自己。你在做什么？

4. 给雇主讲个故事，表达出你可以带给雇主的利益。将各种利益排序，选择一个最能说服雇主聘用你的利益。尽最大可能，使这个利益得以量化并用故事的形式表达出来。

5. 构思如何表达你的主要特点，陈述一件非常重要的事情，让你区别于其他竞争者。

例如：

1. 选定雇主

我想进入一家公司——就像 TORNADO MARKETING 一样，这家公司重视员工的力量，相信他们可以使品牌效应最大化。我希望获得一份让我与公司的所有部门在营销交流规则方面（从市场调查，到代理管理，再到销售）可以互相沟通的工作。

2. 明确需求或机会。也就是说，这个雇主正面临什么严峻的问题？

根据我的调查，TORNADO公司现在正有一个重要的新客户，这家客户想要提高知名度，为其银行部门树立品牌。

3. 从你的工作、职务或者贡献方面来定义你自己。你在做什么？

我能做的远远不止广告业务，我对内部通信、销售谈判，以及与客户进行的各种沟通都有深入的研究。纵观我的职业生涯，我一直在进步，承担着越来越多的责任，始终坚持诚信营销，与公司的所有部门精诚协作。

4. 给雇主讲个故事，表达出你可以带给雇主的利益。

有一件事令我倍感自豪，我为以前的一个银行客户设计了一个奖励计划，让人们更加了解该银行对小型企业的支持和对经济的贡献。我负责这个计划的所有方面，包括信息沟通，确认一个独立的评判小组，建立一个公正的评判机制，以及监督公共关系战略和方针。围绕这个计划我设计了一个媒体战略并在当地市场举办了一场颁奖典礼。这个计划在第一年就获得了两百万次的媒体曝光；第二年，在减少了30％多的开支的情况下，媒体的关注度又增长了25％。通过两年来的项目经营，我成功地为该银行打造了一个全新的营销传播形象。我之所以得到负责这次计划的机会，也是因为我之前的一次领导层奖励计划的成功管理经历。

5. 构思如何表达你的主要特点，陈述一件非常重要的事情，让你区别于其他竞争者。

除了擅长品牌建设外，我还是一个全才。我通过采用各种营销传播方法，包括市场调查、计划开发和管理、广告宣传，以及公共关系维护，帮助客户提高知名度，支持率和最终销售额。我认为我的职业生涯是成功的，因为我对我所做的事充满激情，我精力充沛，善于提出各种战略和方针。

Pepperdine大学商学院

Pepperdine大学商学院建议：了解你的听众，了解你自己，包括你的优点、描述自己的形容词、你希望别人了解你的内容，以及你对听众所在行业或公司的兴趣。有了这些知识，你可以用以下问题来概述你的电梯故事：

1. 我是谁?
2. 我能提供什么?
3. 我能解决什么问题?
4. 我能做的主要贡献是什么?
5. 我希望听众听到这个故事后，做何反应?

例如:

1. 我是谁?

我是一个有着15年管理经验的财务运营经理，我领导过的团队都达到了业绩标准，这些都有记录。我在运营分析、培训，以及在运营环境中对绩效测量进行管理等方面，都有深厚的资历。

2. 我能提供什么?

我具备优秀的项目管理能力，在节约成本方面，我绝对是个能手。

3. 我能解决什么问题?

我能用较少的经费开展项目。我曾经带领过一个项目团队，该团队为长期资金紧张、无法正常偿付债务的人提供有利的付款计划。这个项目是由我向公司总裁提议并创建的。我的团队为这个全新的计划设计了准入准标和系统标准。我们制定了该计划的评估标准，在成立之初还设计了岗前培训，并处理计划在实际运营中出现的问题。新计划投入使用12个月之后，我们将预计损失减少了5 000多万美元。

4. 我能贡献的主要是什么?

我的工作经历显示出，我对雇主的忠诚、我获得的杰出业绩和不断的职位提升，这些都是有档案记录的。我能够贡献我较强的分析、沟通和领导能力。我能够建设一个专注于完成公司目标的强大团队。

5. 我希望听众听到这个故事后，做何反应?

你能推荐几个需要我的这些技能的雇主吗?

小结

在社交过程中讲故事是再正常不过的现象了。电梯故事就是电梯演讲的翻版，普遍用于谈话中的自我介绍。社交过程中，你也可以找到各种机会来扩展你的电梯故事。那些你认识的人可以作为你求职故事的最佳听众，帮你认清值得在故事中陈述的技能和品质。

第四章　在履历中讲故事

现在的履历，往往是一条条、一点点地用简洁的语言把求职者的情况清楚地列出来，这种表达方式和讲故事完全不同。在招聘过程中，某些招聘官希望履历讲述的是真实的事故；而另外一些招聘官，尤其是那些负责决策的招聘官，则希望应聘人员能在履历里讲述故事，通过故事来了解应聘人员的性格。

All Marketers Are Liars 的作者 Seth Godin 在书中写道："你在履历上讲述的应该是记录在案的故事。" 2002 年，Terrence Gargiulo 曾经出版过一本名为 *Making Stories: A Practical Guide for Organizational Leaders and Human Resource Specialists* 的书，他在这本书里讲道，招聘官会用"他们的故事心理"来审阅应聘人员的履历，并根据这些故事决定面试名单。在深入人力资源管理者群体后，他发现招聘官"将履历中的信息组织成一个故事，从而推断出求职者的特点"。作为求职者，你要学习如何通过润色自己的履历抓住招聘官的眼球。

筛选履历的人阅读每份履历的时间只有 2.5～20 秒。Malcolm Gladwell 在他阐述直觉的畅销书 *Blink!* 中提出过一个"切薄片"的概念。这个概念的意思是指，我们的潜意识会根据我们自己很有限的经验来看待某些情况和行为。雇主在筛选履历的时候，就会存在"薄片截取"这种现象。很少有雇主会把所有履历都仔细通读一遍。他们会根据你的履历中传递的信息是否吸引人来决定是否把你的履历留下来。这也就是令人信服的叙述性履历胜出的原因。如果你经历中的"经验薄片"平淡无奇，那么将很难引起招聘官的共鸣。

吸引注意力的网络叙述性履历

网络上有两个吸引注意力的叙述性履历的例子。其中一个配有音乐和图片，引起了人们的围观，这个履历的确是为求职而写的。它所在的网址为：www.paradoxware.com/alstudio/cv/en.htm。另一个是由阿伦·威廉姆斯（Allen Williams）创作的，是一种半开玩笑的拟人化的履历，其网址为：www.itsallaboutallen.com/navigation/section2/mainpage.html。

WorldWIT 的 Liz Ryan 认为，绝大多数履历都是“又长又无聊”。在一个名为“搞定这个工作”的博客上，Ryan 引用了他最满意的一个履历作为例子：一名审计员在履历中介绍自己具有“超乎寻常的法式邪恶幽默感”。Ryan 说，对于求职者来说，一定要牢记人们对于故事的需求，而大部分求职者的履历都很空洞，就如同麦片盒子的背面一样。你的履历就是你推销自己的宣传手册。你必须要通过它来完美地展现自己的故事。Ryan 建议说，求职者的履历要能吸引雇主，让雇主渴望知道“这个人是谁”。

金融职业网站上有一位不知名的博主，他在博客上这么写道：要从工作或者职业发展的角度来强调并解释你的相关经验，这样，你的故事才能获得招聘官的注意。通过撰写故事性的履历（即叙述性履历），你可以阐述自己的工作哲学和价值。

与履历同等重要的是编写履历的过程。在 *Harvard Business Review* 中，Herminia Ibarra 和 Kent Lineback 是这么阐释后者的重大意义的：它使你起草自己的故事。作者在文章中建议：履历中所有的内容都要服务于一点——你叙述故事的氛围。作者还引用了一个例子，主角是一名女性，她在每次求职的文件中都会很愉快地表达出自己决定在本领域工作的原因。

很多雇主都想知道你在履历中对自己的评价是否真实。你可以通过讲故事来满足雇主的这个需求。大部分履历中充斥着空洞的副词和夸张的修饰语，它们无法有力地佐证你的自我评价，而故事就能起到这样的作用。在创作本书的过程中，我们进行了有针对性的研究。我们发现了 Wesley Edwards 的履历（见后文），他的履历就是一个故事性的履历，给我们留下了深刻的印象。而那些没有讲故事的履历，我们很快就忘得一干二净。这也说明，在履历中讲故事，会加深招聘官对你的印象。

故事性履历写作指南

针对求职而进行的沟通表达中，在履历中写故事是最棘手的事情了。下面列出的是撰写故事性履历的一些要点。

• **使用介绍性的资料。**履历的第一部分，往往是有关职业资格、职业能力等事项的内容，能表现你的职业胜任能力。之后的内容就是告诉招聘官“你是如何具备这些能力的”。

• **强调工作职责。**KPMG Principal 的 Mary Anne Davidson 在对 HR. com 网站

进行了研究后声称："求职者们经常会在履历中写明自己的职位，但是却不说清楚自己到底在这个职位上干的是什么工作。因此，求职者会告诉我他的工作就是做XYZ。我知道调控者是做什么的，也知道招聘官是做什么的，我需要知道的是你在你的职责范围内完成了什么工作。这是你与其他求职者的不同之处。"市面上最流行的求职指南书之一——*Resume Magic* 的作者 Susan Britton Whitcomb 说，在履历中说明自己完成了什么工作，是履历中最重要的一部分内容。她在那本书里有一章专门介绍如何在履历中写清楚自己完成了什么工作。这是一本十分有效的参考书。

• **强调成就。**从很大程度上来讲，如果你在某项工作中没有任何成就，那么就不值得在履历中提到这个工作内容。因此，你的履历应当是成就驱动型的——而不是职责驱动型的。用故事的形式会把成就很完整地展现出来。想象一下，如果这些工作缺少了你，会是什么样子。如果当时你不在场，会是什么样的结果？每次，你是如何成功地为你的企业增加价值的？

• **强调结果。**口头讲述成就的故事应该符合这样的顺序：你取得成就时的背景，问题或者挑战，你采取了什么行动，结果是什么。然而，撰写履历时你应该用相反的顺序讲故事：结果、行为、挑战、问题或背景。原因我已经在前面讲过。雇主看履历的速度是很快的，所以每一项成就都要列出来，这样可以快速抓住招聘官的眼球。因此，不要像前文（见第二章）那样，不用 SAR，PAR，CAR 结构的故事，而用 RAS，RAP，RAC 结构的故事。本章随后会有大量的例子。

• **在附录里讲故事。**有些很专业的履历写手在履历正文中讲述的故事都比较简洁，但是会在附录里或者职业自传里大讲特讲各种职业成就的故事。随后你会看到履历附录的例子。

• **语言要简洁。**大部分雇主希望看到由一条条的点句罗列出来的履历，但这往往会使他们看不到自己想看到的故事。你可以在履历的点句中讲述故事，但是用语必须简洁明了，不能堆砌词语。要把写故事性履历中的故事想象成盖房子时用的一块块石头。你可以在自荐信、附录以及面试中详细展开阐述，但是千万不要在履历里啰唆。为创作本书，我们曾经做过专业的心理访谈，参与访谈的人员都反复强调简洁性对履历十分重要。大家都认为，千万不能在履历里堆砌太多的形容词、副词，不要掺杂过多的信息，因为这样会使得你的成就淹没在词语的海洋中。一名参与访谈的人如是说道："如果能把非故事性履历的简洁性和故事性履历的细节性结合起来，那么你的履历就是完美的。"

• **将履历拟人化。**越来越多的履历对求职者本人的兴趣和个人信息都避而不谈。但是个人兴趣和本人的职业技能之间往往会有密切的关系。通过展现你的个人兴趣，雇主能知道更多有关你的信息，从而对你有更深刻和全面的了解。Shelly Goldman 和 Wendy Enelow 在他们的合著 *Insider's Guide to Finding a Job* 一书中，对 66 家顶级跨国公司的人力资源官员、招聘官、雇佣经理、职业专家进行了访谈。其中，Equinox Fitness 公司的 Bill Welsh 坚信，在履历中展现个人信息很重要。他认为对于招聘人员来说，对求职者的信息知道得越多，越有利于做决定。在履历中展现个人爱好和各种业务人脉，会让招聘官判断求职者是否和公司的文化契合，会让具有相同爱好的面试官与求职者产生共鸣，会让用人单位了解求职者的哪些技能可以被转化或者直接应用于本单位。例如，下面这个点句表明了求职者是怎样将个人生活的片段与目标公司的文化结合在一起的：

◇热衷于室外活动，愿意将饱满的热情投入到户外活动的事业中，为公司“推进积极生活方式”的使命贡献力量。

• **选择性地展现**。写履历的时候，要记得自己是在写故事，因此要清楚哪些内容是要体现在履历里的，哪些内容则不是。履历不是工作申请，也不是个人自传。它是你在劳动力市场上推销自己的文书，所以它没必要也不应该包罗万象。在起草履历的时候，你要记住，最好把履历写成你个人品牌化的故事。David W. Brown 在他的著作 *Organization Smarts* 一书中，写道：“不要让履历成为你的自传。”WorldWIT 公司的 Ryan 说：“大部分履历总是在说我们不需要了解的事情，比如市场研发经理常规的职责。大部分履历的内容都是这样的——我做了这项工作，我制止了损失发生，我的职责是这些。求职者们应该挖掘得更深一点。”Ryan 举了几个例子，如：你的动机是什么？你确信你不是懵懵懂懂地经历了这些事情？那段时间发生了什么？你白手起家，给自己铺就了一条职业发展之路，你是怎么做到的？你为什么要这么做？

• **根据具体的求职目标调整自己的履历。**要记住，不能在所有履历中讲述同一个故事。理想状态是，你针对每个求职岗位写一份履历，这样你需要分别调整自己的故事，要采用最适合求职岗位的素材。

• **用数字说话。**雇主们都喜欢数字。亚特兰大的履历写手 Gayle Oliver 认为，数字是工作业绩的旋律。例如：

◇销量比上一年度增加 50%。

◇本人创收比同店其他服务员多20%。

◇领导25名下属。

◇服务150名顾客，带领全公司最大的服务团队。

• 使用最高级。Donald Asher为求职的大学毕业生写过一本优秀的履历参考书——*From College to Career*。在这本书里，他鼓励学生使用“第一”“唯一”“最好”“最多”“最高”这样的字眼。要找一下使自己显得出类拔萃的那些成就。例如，职场作家Rob Sullivan认为，如果你曾经获得某个奖项，就要写明白这个奖是从多少人中间胜出而得到的。例如，如果你写了你从300人中胜出得了某奖项，这样会比你简单地写你得了某奖项给人留下的印象更深刻。Sullivan坚称，一定要明确自己取得的是什么样的成就。

• 定义成功。Oliver建议，要分析自己求职目标岗位的关键性成功因素。履历描述的故事要看起来有助于你在这个职位获得成功。

在故事性履历中利用职业档案或职业资格汇总单

20年前的时候，很少有人在履历中专做一个职业档案或者职业资格汇总单。最早建议求职者在履历中列完文凭之外再单辟一块撰写职业档案或者职业资格的书是1983年Yana Parker撰写的*The Damn Good Resume Guide*。如今，职业档案或职业资格汇总单是履历中不可或缺的一部分，这块内容一般包含4～5个点句：

• 简明扼要地说明自己的职业身份，告诉招聘官你是谁的点句。

• 列明个人的沟通技能和语言能力，告诉别人你如何善于沟通的点句。

• 用一两个点句说明自己的关键职业能力。最好用故事、前雇主的评价或者数字来支撑你的论点。

• 说明自己具备的计算机、技术能力的点句。

• 如果可以的话，用一两个点句表明自己如果获得该职位，可以搬家至公司所在的城市或区域，愿意出差，以及愿意处理其他应急事件。

有些雇主说他们不愿意看履历中的职业档案或者职业资格汇总，因为那全是无意义的空洞的自我吹嘘。也就是说，你需要尽可能地使你的职业档案或职业资格汇总的内容看起来真实、丰富——充分利用故事、例子、数字，以及那些知晓你工作能力的人的评价等。职业档案或者职业汇总中任何语句都要具体而充实。

点句的范例

下面是故事性履历中优秀的点句范例：

• 组织技能最强。在复杂的环境中，顺利完成了领导指派的所有任务，在规定期限内达到了所有目标，成功建成了海外分公司。

• 代表世界 500 强的军火公司与美国政府机关进行公关沟通，为商业机构进行演讲以及担任政府职员，培养了一流的人际沟通技能。

• 善于做出创新性的决策。通过开发操作性的、以客户为中心的公司内部网络，以及大量的以客户为基础的 Oracle 应用软件，连续为公司采购到了最合适的 ERP 软件和其他软件包。

• 组织管理团队的技能高超。成功地解决了团队成员不配合的问题，团结整个团队提前 4 个月完成了公司关键的内部网络项目。

• 工作积极热情。解决了看上去似乎难以解决的无法向 FDA 按时报送数据的问题；研究能力强，成功升级软件，使得系统能快速编辑紧急文件。

• 解决问题能力强。通过使用专业化的项目管理能力与设计技术，在前人两次未能完成项目的情况下，成功地完成了项目。

瞄准第一点句

在职业档案/职业资格汇总单中，用一个点句开头，简明扼要地说明自己的职业身份。这是最重要的点句，因为全靠它来吸引雇主的眼球。它告诉雇主你是谁，你能为公司做什么。如果雇主恰好没能读完你的职业档案/职业资格汇总单，那他至少能从第一个点句中了解到你的一些重要特点。

以下是第一点句的范例：

• 动力十足的 MBA 水平的管理人员。在过去的 7 年中，面对复杂多变的环境，在专业各异的领域中，成功地领导企业或者帮助水平参差不齐的管理层顺利完成转型。

• 持博士学位的领导者、促变者以及社会活动家。设计了多种程序和流程，提高了生产效率，最大化地利用了资源。

• 积极向上的执行者。曾成功创业，并且帮助坠入低谷的企业顺利脱困。

• 全方位的促变者。具备丰富的人力资源管理经验，通过应用专业知识，成功改进了企业功能重叠的流程，促进了组织变革。

• 具有企业家精神，能够跳出定式思维，善于进行定量分析，研究能力和 IT 技能强，并有热情将之应用于前沿的全球化问题。

• 目标驱动型人才。组织能力强，既能单兵作战，也能团队共进，快速评估、理解和管理客户关系，同时提升公司的价值。

• 项目管理成就颇丰。通过有效的企业分析、问题解决、流程改善和软件开发，能够高效而创造性地提供运营解决方案，在此领域有着 15 年的工作经验。

• 自我激励型人才。财务技能强，能同时管理多项财务任务，能够准确处理及核对应付/应收财务账目，以及工资账务，并按时做账。

• 优秀的客服能力。杰出的人际关系处理能力、组织管理能力以及按照主次轻重安排业务的能力，总能与内外部客户建立积极友好的沟通。

• 动力十足的销售人才。具备高超的沟通和表达能力，善于搭建友好的关系，既能为公司创造即时销售收入，还能为未来销售铺路。

• 目标驱动型技术人才。同时为多家 IT 客户提供高水平的技术服务和支持，在此领域已有 15 年以上的工作经验。

• 硕士水平的专业人才。具备极强的逻辑和数理分析能力，能将合理的方法用于需求评估、方案确定，并向客户推荐最佳战略，帮助客户实现最高的医疗保健产出。

• 致力于教育和医疗行业。凭借杰出的汇总和传播产品知识的能力，能提出独特的方法促进药品销售，提高公司营业收入。

• 效率驱动型电话中心专业人员。通过发挥激励，以及内部教育和培训的才能，实现一流的业绩和工作效率。

• 专业会计人才，有 CPA 证书。开发并使用多个会计核算系统，进行精准的报账，并能确保记账程序不违背现有的会计政策和流程。

• 专业 QA 人才。有 15 年工作经验，为多家无质量标准或监控体系的公司开发了高效的质量监控系统。

• B2B/B2C 技术营销专家。曾将产品成功地引入市场，精准定位客户，最大化提高产品的市场适应性，增加公司的盈利。

• 谨慎的护理人。提供细心周到的个人护理服务，能够通过科学的预测、计划、操作以及评估，满足病人复杂的需求。

• 积极的专业人才。愿致力于女子运动事业，曾在各种赛事中获个人奖项，也曾成功组织过多次比赛。

• 高效的多面手。善于确定客户需求，制定解决方案，指导、监督多名参与人员，能同时处理多项重要工作。

点句平行化结构

要想让雇主把你的职业档案/职业资格汇总单当作一个故事来读，就要把点句平行化，而且每个点句保持相同的句子结构。这种叙述方式提高了履历的可读性。想象一下，如果你的每个点句都在陈述“你是谁”“你能为我们的机构贡献什么”，用隐含着“我是一个……”开头的语句，会达到什么样的效果！

下面是点句平行化句子的例子：

• （我是一个）经验丰富的、时间观念很强的系统分析员。熟悉资源预算、新业务开发、战略规划、创新、技术趋势、客服需求等内容，能在研发过程中与市场营销人员紧密合作。

• （我是一个）得力的问题解决专家。通过创建内部客服体系解决了销售和运输问题，降低了20％的运费；为销售人员研发了网络会议系统，节省了30％的差旅费用。

• （我是一个）有远见的创新者。与另外一名程序员合作，开发出领先业界的语言学习软件，在国内享有盛誉；为革新性法律文件生成和货物追踪方面的首席分析员。

• （我是一个）技术专家。为公司与印刷供应商顺利谈判价值几百万美元的合同提供直接的技术支持；多次帮助公司实现从大型计算机向迷你个人计算机应用的转变。

• （我是一个）通信专家。被程序员和他们的经理评选为最佳专业程序写手。

下面所示的就是这些点句的平行化结构：

• （形容词）＋（名词）＋（连接词）＋（描述技能/强项/专业技术的短语）＋（用引言、例子和数字作为支持）。

用点句突出成就

在履历中列出每项工作经历的时候，你可能会用点句来描述自己曾经做过什么，你的成就是什么，取得了什么样的结果（与长篇大段的表述形式相比，雇主更愿意读点句）。在履历中写出你的成就，就好比写一个个小案例，在案例开头的时候就把结果写出来，这样效果会比较好。写出你的行动（A）所导致的结果（R），这样就能抓住雇主的眼球。最好再描述一下当时的情境（S），你通过行动解决所遇到的问题（P）或者挑战（C）。如果有数字佐证，那是再好不过的了。

下面是一些例子。需要注意的是，由于履历的篇幅有限以及雇主希望看到简洁明了的履历，因此，不是所有例子都能把结果、行动、情境、问题、挑战都囊括在内。

• 从多个部门调动人员，组建了一支高效、多领域的销售团队，3 年内将公司存货的销售额从 5 万美元提高到 3 100 万美元。

• 通过设计、安装和校正系统，降低了 50%的耗电成本。

• 通过开发新的冷凝水温度控制系统，降低了 80%的耗水量。

• 领导团队，将一次性包装薯片推广到全国市场——通过对美国市场和国际市场需求量的预测，将美国国内销量提高了 33%。

• 通过重新招募、培训以及组织高效的聘用人员，使得销售代表们加快了业务处理时间，提高了业绩，公司的营业收入也相应增长。

• 第一个职位是传真机操作员。因熟练的职业技能和高水准的职业操守得到主管的好评；后被提升为行政助理，一年之后又因表现突出被提升为高级行政助理。

• 通过创建和应用新员工培训系统，提高了客户满意度，使公司在客户调查中的得分排名提高了 36%。

• 通过整合公司的营销团队，培训营销人员，推广高效的公司营销战略，在一年之内将公司销售收入提高了 1 500 万美元。

• 通过开发图书库存 Excel 电子表，减少了无销售前景的图书购入量。

• 在学校拍卖晚宴上，与 85 名志愿者合作，拍卖售出 800 件物品；其中，40 件物品通过现场拍卖售出。当晚，筹集到 25 万美元的款项。

• 帮助公司将客户满意度提高了 55%，雇员满意度提高了 50%。方法是将 10

个管理层级缩减为 2 个，指导员工重新定义工作内容；提高工作流程的效率；消除冗员、公司旧的文书工作，以及低效、官僚主义和冷漠氛围。

• 成功地把握住了主要的机械专业化市场，第一年将公司的销售额提高到原来的 3 倍，5 年内共提高了 400％。

• 对公司的技术和设备进行更新，通过提高销售收入使公司重新名列行业前茅，激活了分支机构。

• 只使用了 95％的预算开销，将运营和维持的成本降低了 35％；提高了订单的能见度和公司的经营地位；通过整合各部门的采购，及应付账款管理系统和流程，改善了与供应商的关系。

• 将每年的咨询费降低了 140 万美元，将开发流程流水线化，加速了客户需求流转，改进了内部应用开发以及应用支持系统。

• 回头客增加了 25％；销售收入提高了 30％；管理直邮客户中的休眠客户，让他们重新认识了公司，并向其邮寄印刷宣传手册，开创了新的收入流。

• 为公司节省了 1 375 万美元：第一年节省了 175 万美元，接下来的 3 年每年节省 400 万美元，途径是通过构想、设计、规划，将分支机构的计算机维护业务分包给本公司。

• 将项目实施时间缩短了几周，途径是实施结构化项目管理方法。

• 将赔付率从不足 2％提高到 5.7％，使赔付款提高了 3 960 万美元。其途径是创设“第三方赔付确认文件夹”对赔付款进行严格管理。

• 3 月之内将申诉客户从 500 人降低到 12 人。其途径是设计并实施了客户需求跟踪系统。

• 减少了差错率，节省了时间，几乎实现完全无纸化，应用中央网络数据库节约了成本。所谓中央网络数据库是将所有客户的数据根据其对公司设备投资的贡献分类汇总，归并到一个大数据库中。

通过附录提高履历的故事性

即便你在履历里讲了你的故事，但是履历篇幅的有限性会使你无法畅所欲言。一家履历写作培训公司的老总 Deborah Wile Dib 非常热衷于为履历增加一个附录。因为附录有极强的可读性，Dib 为附录拟定了一些非常吸引人的名字，如：“重要领导性倡议”“营销里程碑”“业绩里程碑”“主要合约”（用于咨询师的履历附录）“职业成就”“重要活动”等。Dib 鼓励客户想方设法找出自己超越其他求职者的成就，并根据求职对象的价值体系，列出这些成就中的前五名。

Dib 认为，大多数成就可以用“解难能手”这个词来总结。Dib 注意到，雇主在意的是：求职者能为公司解决什么问题，是否能为公司节约成本，提高收入。附录给予求职者一个更详细地表达自己面对挑战，解决问题的能力的机会，比简洁的履历正文表达得要更详细。为了使履历和附录具有充分的可读性，Dib 有时候甚至会打破写履历不用代词“我”的传统原则。

著名的履历写手和职业作家 Louise Kursmark 也很推崇履历附录。他说履历附录是“ROI（Return on Investment）文件”。求职者通过讲故事，让雇主认为雇用自己很值得，从而做出雇佣决定。Kursmark 将履历附录进行了改进，创造出了“工作建议”和“我的价值”两个部分。“工作建议”是求职者告诉雇主如果被雇用能为雇主做什么的文件。在工作建议中，求职者表达出他对雇主所面临挑战的理解。而“我的价值”部分，它告诉雇主，求职者是最能理解雇主所面临的挑战，为雇主排忧解难的人。

Dib 提醒说，不是所有招聘官员都喜欢阅读履历附录的，笔者在读博阶段进行的研究也证实了这一点。但是，既然雇主已经看到了你用一块块“故事砖”垒好的履历，那么他可以自行决定是否要继续读你的履历附录。在有关的心理访谈研究中，一些访谈对象能够通过阅读履历附录对求职者进行更为深入的了解。一名访谈对象说：“我喜欢履历附录，它放在那儿不碍我什么事，但是如果我需要对求职者进行深入的了解，它会给我提供充足的信息。”

你还可以把履历附录当作职业档案的范本。我们在第六章中会详细介绍如何制作职业档案。

履历在消亡吗？

一些职业专家认为，履历的作用在慢慢淡化，求职者们可能会认为故事性履历不再有什么价值。Dib 引用了在线招聘专家 John Sullivan 和人力资本研究院 Allan Schweyer 的观点后预测道，再过几年，以网络方式招聘员工的公司将只认可电子履历，传统履历将会逐渐退出历史舞台。电子履历中的信息分类清晰，使用起来更为方便。很多人都预测，未来无纸化履历将成为常规履历，Dib 的观点与他们不谋而合。

由于网络求职成为常态，相应地，履历也换了一种存在形态。但它在邮件、搭建人际沟通网以及面试中，仍将发挥重要作用。无论是以哪种形式存在，擅长文字的履历写手仍将有市场。Dib 说，在撰写电子履历的过程中，更需要用丰富的关键词来填充在线档案，更需要用吸引人的故事来为面试做准备。在心理访谈研究中，一位访谈对象对此也表示认可。他说，在商界，求职者永远需要用简单直白的语言来为自己争取机会。技术变革将继续推动网络求职的普及化，履历也会随之进行调整，但是它永远都有市场。

目前的行业趋势青睐于故事性履历，并将故事性履历向更叙述化的结构推进。商业人士普遍认为，故事性履历能打动人心，要避免将履历变成冷冰冰的数据和 Powerpoint 文件、枯燥的分析，以及干巴巴的点句，要用故事来打造履历。*A Whole New Mind* 一书的作者 Daniel Pink 认为，在履历中淡化故事性，将使求职者的个人魅力和专业能力无法得到充分展示。

雇主和招聘官一直在招募最适合自己组织的人，他们希望招聘来的人来了就能上手，上手就能做出成绩。在做出雇佣决定前，雇主和招聘官都担心求职者入职后能否达到组织的要求。他们希望在履历中看到尽可能多的信息，以避免出现闪失。事实上，并非雇主和招聘官不愿意在履历中看到充足的信息才导致标准格式简历的出现。根本原因在于网络招聘给雇主带来了大量的履历，使其工作量大大增加。但是正如 Pink 指出的那样，我们都渴望看到那些充满感情，对自我能力和企业需求有明确认识的故事性履历。

故事性履历和附录范本

接下来我们将向读者展示故事性履历和附录的范本，以使您对本书的理念有更深刻的理解。它们是：

- Walter Dietz 的故事性履历（见履历一）
- Sean Patrick 的故事性履历附录：领导力档案（见履历二）
- Wesley Edwards 的故事性履历（见履历三）
- Zhang Le“故事砖垒起来的履历”以及行政业绩附录（见履历四）

- Paul Goldfarb 的故事性履历附录：领导力汇总清单（见履历五）
- Mathias Carroll 的项目清单履历附录（见履历六）
- Georgia Lutz 的职业自传附录（见履历七）

履历一：

WALTER DIETZ

Westfield 大道 12 号—Ash Ferry，NY 10522—212. 123. 4567—Wdietz125@aol. net

---

高级人力资源经理

擅长组织文化建设和愿景制定，具备积极的业务领导力

熟知人力资源管理政策、流程和系统

善于营造良好的工作氛围，改善员工的绩效

本人曾担任过战略企业的合伙人，能够应对完成收入目标，控制费用，提高客户满意度，吸引并留住员工，以及确保公司盈利能力等方面的商业挑战。能够通过加速增长或变革，将潜力发挥不充分的组织转变为高效的组织。

主要成就

- 在竞争激烈、快速增长的营销环境中，建立了业绩优异、目标清晰的团队
- 设计了全面的流程规划和领导能力开发程序
- 解决了并购造成的复杂、敏感的员工关系问题
- 培训管理团队的计划和沟通能力，从而提高了生产效率

专业知识和技能

- 战略规划/实施
- 重组
- 员工关系
- 流程设计
- 培训/员工能力开发
- 领导能力开发
- 招聘/人员配置
- 人力资源管理信息系统技术
- 组织氛围调研
- 选举技术/评估工具
- 组织开发/应变
- EEO/组织合规性管理
- 员工福利/薪酬管理

续表

个人经历
2005年至今，纽约MET公司　地区经理 胜腾集团分公司住宅房地产经纪公司 MET公司3个分部（租赁部、再售部、家庭生活部）的高级人力资源经理。全权负责人力资源部门的战略规划、领导以及运营管理。领导8名人力资源管理专员。 • 重组人力资源部，将3个机构合并为1个。通过分享申请人数据库，减少重复的招聘活动，成功削减了部门费用。通过提供更多的发展机会，提高了员工满意度，降低了员工离职率 • 加强与职能部门之间的联系，将人力资源管理纳入公司发展、编制制定和员工关系战略中 • 与资深员工合作管理合并后新设立的两个公司。重新定义工作流程、各岗位职责、薪酬福利管理，并使之按流水线的方式运作。重振员工的信心与对公司的信任，解决了公司员工从私营公司转变到上市公司的不适应问题。通过劝说留住了关键员工 • 简化了销售管理流程，杜绝了耗时很长的合同谈判问题。调整了销售部门薪酬计划，实施了按照绩效付酬的模式：降低底薪，提高销售提成和奖励 **2004—2005年，纽约Ash Ferry最佳培训公司　人力资源管理咨询师** 受一家能源服务公司总裁雇用，提高该公司管理层的业绩水平。最终提高了该公司的业绩和生产率，制定了该公司的编制方案，提高了该公司领导层处理员工关系的能力。 • 对员工逐一进行培训，帮助他们了解成功路上存在什么障碍并克服障碍 • 设计并制定了人力资源管理规定和流程 • 就员工关系、编制制定和选拔人才方面对公司管理层提出积极的建议 **2000—2004年，纽约White Plans行动技术人力资源部　副总** 在公司于东北地区快速并购和扩张之时，被提拔为公司人力资源部副总。参与总公司2004年销售部门定岗方案制定。 • 针对公司新的目标和战略，重组了销售部门。招聘了新的销售部门执行副总，明确了销售职责，并设立了新的销售职能岗位 • 为满足增长的需求，缩短了招聘流程。选择并应用新评估工具来评估新进员工和现有员工的工作绩效 • 采取工资和福利外包的方式，在不降低员工工资和福利水平的情况下降低了公司的成本。在保护员工信心方面有所成效 • 评估员工士气，并通过论坛、员工思想摸底以及奖优的激励政策提高员工的信心。在公司经历变化的时期，营造了一个兼容并包、言论自由、员工忠诚的工作氛围 **1997—2000年，纽约东京银行　助理副总** 负责并购2个银行后整合来自不同文化背景和管理风格的员工。在解决了并购后期的员工关系问题后，重新平衡了员工总量。对外来经理进行EEO法律的培训，对其进行指导，并管理其绩效表现。 • 使用伯克曼打造团队的方法，促进员工之间开放的沟通，互相建立信任，融合了东京三菱证券集团内部的各种文化 • 解决了并购后期的员工关系问题。赢得了外来经理的信任，帮助他们适应转型期并与现有员工融洽相处 • 设计并实施了一个按照工作内容分类、目标导向的绩效管理程序。培训管理层，使之学会应用这一程序 **1990—1997年，施乐商业方案中心　人力资源经理** 起步于人力资源部的第一名雇员。后被提拔为支持9个分支机构的1 000名员工的经理。

续表

个人经历
• 每年实施一次员工思想摸底，后成为公司的惯例。并根据调查结果采取切实可行的方案，对公司整体业绩的增长做出贡献 • 在快速增长期创建了高效的员工编制制定模式，设计了综合性的领导力开发方案和继任计划 • 重新激活并整合了后台支持部门的功能，创建了高效的客户订单履约交互界面。对各个职能部门的员工进行了交叉培训

教育/职业培训/资质
纽约州立大学英语学士 法尔事务所管理能力开发研讨班结业 注册公司战略教练 注册目标选材管理师 人力资源管理协会会员及国际教练联盟会员

本履历为虚构履历，编辑人员为 Career Ink 公司的 Roberta Gamza。联系电话（传真）：(303) 955-3065，免费咨询热线：(877) 581－6063，网址：www. careerink. com。未经允许，不得私自转载。

履历二：

领导力档案

SEAN PATRICK，FMA，RPA

希尔顿酒店工程部总监，史丹佛，CT

部门运营和财务管理

“Sean 能够让团队全神贯注地去完成主要的工作任务。他认为工程部是为其他部门提供支持的部门，他很重视内外部客户关系。”

——William Hagendorf，总经理

挑战：作为损益合伙人，为设备维护职能部门进行定位

行为：创设了一个“自我管理”的部门——采用月度和季度预算跟踪/财务分析系统，将业务流程流水线化，将后勤职能委托外包

结果：2001 年为公司节约资金 88 136 美元，之后连年低于预算完成任务（在设备已服务超过 25 年的前提下）

分析：我的团队帮我处理很多日常的行政和财务业务，所以我才能专心致志地完成在项目管理、客户服务和品牌关系维护方面的新目标

续表

项目和品牌管理

“Sean 营造了人人都可自由创造的氛围。他对独立思维和适当地承担风险的行为会有所奖励，如果有人试用新的流程但是却失败了，他会及时提供帮助。”

——William Hagendorf，总经理

挑战：创新管理——将历史风格和希尔顿酒店始于 1905 年的老品牌下的诺曼底风格结合起来

行为：调查了希尔顿酒店的品牌以及建筑和内部装潢的风格。对于定义和重建工作高屋建瓴地提出了创造性的观点。选定了色调、墙、地板、地毯、灯光、标志和艺术品

结果：完成了这一造价 70 万美元的项目，将收入提高了 34%。既满足了各方面的需求，又保留了历史风格

分析：这一项目的成功说明了我在技术支持和管理大型项目方面的能力，它显示了我的创造力、风格以及对公司品牌的充分尊重

设备和商业管理

“Sean 善于应变，他对创造性的想法很包容……他懂得如何全方位地看待新的想法和方案，以确保自己考虑周到”。

——William Hagendorf，总经理

挑战：负责处理设备管理相关的公司方案和合规性业务。证明了我胜任工程部经理一职

行为：制定并实施方案，将冷冻剂的使用降低至公司可承担的水平，并通过循环再利用使得效益最大化。为新的维修服务流程培训了 5 名 HVAC 机械师和相关技术服务人员

结果：按照国家回收和减排计划中有关清洁空气的要求改造了设施；被斯坦福环境咨询委员会授予“环境领导奖”。受董事会的提名被晋升为工程部经理

分析：职业证书、技术熟练度以及个人对卓越的不懈追求对公司的增长、盈利水平、品牌和竞争地位做出了贡献

降低成本并提高投资回报率

“时刻关注组织的变化并从容应对，促成组织变化并争取到必要的资源。”

——Marta Zinn，总经理

挑战：降低设备的能耗

行动：与能源储备委员会一起制订了战略性的能源开发和配置计划，其中包含短期和长期的方案及目标。与能源利用专家检查能源使用的具体情况和结果，以确保计划充分，得以落实

结果：2008 年能源消耗量降低了 7%，而原定目标是 5%。在 2008 年的基础上，2009 年又降低了 2%的能耗

分析：我是业绩改善、成本控制、能量储备、企业文化革新的倡导者和促成者。我勇于创新，掌握了丰富的资源，坚忍不拔，从而能够带给组织出乎意料的利益

快速项目管理

“Sean 善于处理各种人际关系。”

——William Hagendorf，总经理

挑战：完成大型的外部创新项目：将室外游泳池扩大成 4 225 平方英尺。在阵亡战士纪念日的活动开始之前将田径跑道和边界铺砌完成

行动：成功管理快速项目周期——审核建筑施工设计图，获取开工许可，与材料供应商谈判，管理预算并监督施工现场

结果：2003 年新天井建成之后，会员收入增加了 25%。项目按时完成，没有超出预算

分析：没有过于复杂的项目。在 15 年的职业生涯中，我已经遇到并克服了各种各样的困难

续表

突发事件预案和应变

“Sean 会追查事件的原因，而不是孤立地看待事件。”

——Marta Zinn，总经理

挑战：降低运营风险，确保建筑设施中员工和客人的安全

行动：对管理人员和相关人员进行应急事件管理方面的培训，制定实施方案和政策，每月举办例会讨论相关事宜

结果：对紧急事件处理到位。在 2008 年供电管制时期，我们的酒店是希尔顿旗下所有酒店中唯一实现了盈利的分店。在设备安全人员停电进行检修时，服务人员护送顾客，使其安静有序地进入休闲区品尝饮料

分析：我对待工作认真负责，熟悉现代企业持续性、安全性管理和应急事件管理、灾后重建的相关知识

地址：198-27 37th Ave.，Flushing，NY 11358，座机：718-555-5555，手机：718-000-0000，传真：718-111-1111，电子邮箱：Sean Partick65@msn. com 或 SPatrick@nextel. blalkberry. net

注：本履历附录由 Deb Dib 撰写，她经营 Advantage Resumes of NY，Executive Power Coach，Executive Power Marketing，Executive Power Brand 这四家公司。联系电话：(631) 475－8513，传真：(501) 421-7790，电子邮箱：debdib@executiepowergroup. com，网址：www. executivepowergroup. com。未经允许，不得私自转载。

履历三：

WESLEY EDWARDS

加利福尼亚 Mission Viejo，圣特丽莎大姐 24152 号，邮编 92692

电话：949－555－5555；移动电话：702－555－5555；电子邮箱：wes702@yahoo. com

客户服务—组织管理—沟通—领导

客户关系部主任

通过创新性的流程优化和多维度的沟通战略，将组织的目标精确地化解在客户关系的具体工作中

个人档案

• 完成了五星级的客户开发职业证书培训，通过流程组织和优化、培训项目管理，设定较高的绩效标准，以及加强后勤支持服务，对代理商实现了自动化管理

• 善于沟通，组织能力强，可以处理多重业务，专心致志，方向明确，充满热情

• 动力十足，善于应用解决问题的技巧分析和应用信息，快速适应环境变化，做出反应

• 善于维护融洽的人际关系，精通团队建立的技巧，能胜任团队领导职位，管理、培训和跨部门执行任务的能力强，设计、协调、组织以及实施公共关系活动事项和大型群体活动的能力强

职业经历

2006—2009 年，内华达州拉斯维加斯市，美国道奇兰德－道奇汽车经销商，**五星级协调员、客户服务部主任**

• 通过实施五星级的评估和战略方法，提高了汽车销量，改善了售后服务，转变了前任代理商造成的声誉日渐败落的形势

• 提高了销售满意度、客户满意度、评估得分，从而获得了五星级经销商资格证书

• 通过推动电话拜访，解决客户问题，在四个月内使客户满意度系数由 40%上升到 88%

• 实行 100%的售后服务，进行详细的趋势分析，解决客户问题，在管理层会议上分析客户回馈，从而确保客户稳定的满意度

• 通过建立并管理业务开发中心，促发了销售暴涨，对客户满意度提高起到了辅助作用

续表

• 通过将业务流程流水线化并提高效率，基本上实现了无纸化办公

• 对人员进行培训，使其在 4 个月内达到业务开发中心的上岗要求，使得本店成为道奇在全国代理经销商中排名第三的商户

• 建立并维护经销商网络，展现了本店在现场交通方面稳定而强劲的增长，从而拓宽了代理覆盖面

• 跟踪每月高达 45 万美元的销售折返和销售奖金，通过解决数据差错，与总公司保持紧密联系，挽回了收入损失，解决了负债率过高的问题

• 及时向客户发放新的汽车信息以确保回头客，通过改进销售程序提高了客户的满意度

2003—2006 年，南达科他州苏福尔斯市，庞蒂亚克—卡迪拉克公司，**销售助理/通用汽车购车经理**

• 通过积极地挖掘销售线索和机会，提高了姐妹店的店面和在线销售量

• 平均每月销售 15 辆汽车，远超门店规定的月销量 9 辆的定额；最高月销量曾达 20 辆；同时客户满意度保持在 90%以上

• 作为销售冠军和销售领导，对其他销售助理进行辅导

• 在本店庞蒂亚克汽车销量剧增中起到关键性作用，通过积极回复客户的问题并主动拜访客户，使得本店在本地区排名从第 32 名上升到第 2 名，进入全美前 100 名；在本地区销售通用所有型号汽车的排名提升至第 6 名

• 通过接受大量的销售相关培训，获得通用汽车的销售咨询师、财务及保险经理、二手车销售经理、一手车销售经理的证书

2000—2003 年，德州圣安东尼奥 A－Car 汽车租赁公司，**经理**

• 短短 7 个月内，在全美最大的汽车租赁公司从实习生晋升为公司中层，最后负责管理客服监控部门

• 为客户提供各种各样的促销品、高效的服务，包括常规的车辆返检、清洁、补充机油等服务，显著提高了客户满意度

• 由于服务到家，得到客户的表扬，加之卓越的业绩，从而获得两次最佳营销奖、两次白衫奖

• 通过建立员工追责系统，在每张加油卡上减少了 80 美元的损失

专业知识

→客户开发 →人际关系 →调研和计划 →部门内部关系维系 →评估服务标准 →流程改善	→内部/外部客户服务 →沟通 →公共关系和活动策划 →行政和管理 →行政决策 →招聘和员工监管	→提振收入 →解决问题 →培训/执教/指导 →找出并解决问题 →安排工作日程/策划/组织 →市场营销

证书和职业技能开发

证书：2008—2009 年，五星级协调员，拉斯维加斯

2007—2008 年，销售经理证，拉斯维加斯

2007 年，监管技能证书，拉斯维加斯

注：由 Katharine Hansen 撰写。

履历四：

ZHANG LE

国际高级主管

美国—亚洲市场·开辟国际新市场·商业开发

个人档案

• 在美国和亚洲的直销、沟通和商业开发方面经验颇丰的高级主管

• 精明的营销者，在美亚地区的主要客户之间建立起 B2B 平台

• 以利润为中心，通过将企业的宗旨、产品和服务在新市场中找到合适的定位，推动企业收入的增长和销售范围的扩张

• 沟通能力出众，有在多种文化中的生活工作经历，会说三种语言（中文、粤语和英语），善于平衡公司高管和公共部门领导之间的关系

• 精通谈判技巧，通过广泛的文化背景调研争取到对企业最有利的合同条件

• 目标明确，获得最佳营销奖，由于对中国旅游业的推广起到重要作用，得到中国政府和私营企业的认可

职业发展经历

1996 年至今，美国纽约 ZLE 国际咨询有限公司，合伙人，高级咨询师

• 创办并经营主要为美国和亚洲公司提供服务的咨询公司，专注领域主要有：能源加工产品、广播、广告、公共关系、金融、旅游和网络企业

• 为全球的企业提供战略规划、国际商业开发、营销、公司沟通、销售和综合管理方面的服务

• 规划和管理整个咨询业务流程——从最初与客户管理人员接触，到提出项目建议，设计收费结构，谈判，再到服务和咨询

1993—1996 年，纽约国际 ACE 公司，总经理

• 管理国际易货贸易和贸易公司，目前年营业额为 7 亿美元

• 负责公司全面的管理职责，包括战略规划、运营、融资、收入及支出、营销、人力资源管理和行政管理

1990—1993 年，中国旅游局下属企业，执行经理

• 从地区高级经理被提拔为全公司执行经理，负责企业规划、运营和沟通协调等事项

• 负责在全球 15 个地区分支机构的运营，年产值 65 亿美元

• 负责管理每年 4 500 万美元的预算，以及多达 150 人的跨国团队

• 创设并领导了推动中国第三大产业——国际旅游业的专门项目

教育背景

• 哥伦比亚大学市场营销学士

• 在美国和中国的大学和研究机构接受了关于管理、战略营销以及国际商务方面的继续教育

注：由 Katharine Hansen 撰写。

履历五：

Paul Goldfarb	领导力汇总清单

高级全球运营总监　　400.555.1922
加快公司运营速度　　pgoldfarb@emailme.net

"Paul 给我们的组织带来了飞速增长。他把业务流程流水线化，将工作效率和客户服务水平提高了 10 倍。他使我们的资产增长了三倍，使我们有精力去关注和开拓新的业务领域。Paul 是一个非常专业的人，对组织忠诚，对工作全心全意。他给我们带来了奇迹！"

——Heather Reston，国际投资服务公司营销经理

创办新公司，建设营销体系，实现可持续发展

高峰商业战略咨询公司——首席执行官

设计了稳健的营销方案，使得两个新成立的公司从愿景出发，开始运营，实现盈利

客户 1——处于创办的第二年

• 在客户对市场没有丝毫影响力的条件下，为客户起草并帮助其实施了全方位的营销方案，很快客户就拥有了 6 个营销分中心。

• 帮助客户每月销售收入递增 30%，在 10 个月内就完成了全年的销售任务。

• 帮助客户在开业第 2 年结束时完成了 3 年的销售计划。

• 在一周之内帮客户开发了 40 万名潜在顾客，大大超过之前预计的每月开发 45 000 名顾客的数量。

客户 2——处于开业的第 3 个月

• 帮客户提炼了产品概念，取得了良好的顾客反馈。通过对顾客和市场的调研，帮助其调整了产品开发计划。

• 为客户开发了 4 个主要的分销商，将分销商服务工作外包，节省了 3/4 的成本。

• 每月为客户节省 5 万美元的场地和仓储费用。

危机管理

全球投资公司尖峰投资服务分公司——总裁

情境和挑战：

1997 年，全球投资服务分公司直接并入尖峰投资公司，而恰逢尖峰投资公司的总裁要退休，彼时公司只有两个运营机构。其中一个机构的负责人效率低下，对于公司的未来和方向没有任何概念。

当时公司的氛围很差，内部不团结，同事互相仇恨、陷害。业务积压得很严重，公司能完成的任务非常少。分支机构的营业额只完成了 25%，完全谈不上增长，也没有能力控制风险，公司岌岌可危。

行动：

• 转变了一些不利因素：客户服务，工作质量等，加强公司内部的团结和相互协作

• 引入革新管理的概念，对所有的管理人员进行培训。让每位员工理解新的公司愿景，采取切实可行的措施使员工完成任务

• 制止了费用高昂的员工遣散

◇对员工采取激励措施，并且为他们提供多种发展机会，同时将部门内的工作标准统一化

◇解决日常安排固化的问题，允许部门和员工个人有一定的调整权限

续表

◇加强了高层管理人员之间的沟通和合作

◇重新评估了招聘需求，并且制定了新的招聘标准。一改过去唯学历论人才的做法，开始综合考虑应聘人员的职业能力和潜力等因素

• 打破7位副总本位主义、各行其是的怪圈，使得他们团结一致

◇使得他们加深了对统一领导的认识，并采取相应的鼓励措施

◇与7位副总进行充分的沟通，针对每年的预算管理、目标落实情况和副总们的个人发展情况，引进目标或衡量标准的制定，并进行长远规划

影响和分析：

• 将员工离职率降低了50%，将5个运营部门合并为1个部门

• 带领并激发团队实现充分的融合，团队成员对各自的工作非常满意，并不断地追求更上一层楼。教给他们如何深入了解各自的客户，如何为客户提供周到的服务

• 通过提高劳动生产率、员工的工作质量和服务水平，有效地降低了成本，团队由此还赢得了公司上下的好评

• 营造了一个相互合作、勇于创新、积极应对变化、热情服务客户的工作氛围

注：本履历附录由 Executive Resume Branding 公司（Resumes Plus LLC 公司的分部）的 Meg Guiseppi 撰写。联系电话：（973）726-0757，传真：（973）726-0121，电子邮箱：meg@executiveresumebranding. com，网址：www. executiveresumebranding. com。未经允许，不得私自转载。

履历六：

MATHIAS CARROLL

91110 休斯敦森林区 126 号公寓，德州 77096. 电话：7135555555. 邮箱：carroll _ m@hotmail. com

项目要点

项目/成果	挑战	行为和结果
诺威奇社区银行产品经理		
纳税，提高互联网上提供数据的质量	办理税务相关事宜，以及完善网上自动清算的功能	审查银行所有的产品以及营销活动。正确节税，并使得网上自动清算业务运转正常
使顾客适应新的互联网系统	由于互联网系统升级换代，需要顾客转用新系统	顾客几乎没有什么问题就开始使用新系统
传输系统升级换代	熟悉传输系统硬件；在过去几年，超过200万美元的资本金请求一直被系统错误拒绝	团队合作，分析过去系统出现问题的原因，在系统内添加了一个产品指针，被系统接纳

续表

项目/成果	挑战	行为和结果
诺威奇社区银行产品经理		
改善与外部客户的沟通	客户对银行的品牌忠诚度不稳定，存在违约风险	首先针对已有的内部客户安装系统，开发、实施新的用途；开发了自动向客户发送信件的系统，确保客户随时把握银行的动态；这一做法被其他部门采用
自动化的存取款机制与网络	为满足客户从互联网接口提交的业务申请，需要改进信用产品线	开发了针对各种产品的系统，并且跨部门组建团队以确保系统的高效运行
VRU 菜单上的税收支付栏目	本公司长期推广的受话人付费业务并不支持电话付税的功能	通盘考虑了电话付税的创意和可行性，做了跨部门的沟通，结果是缩减了某个客服频道的规模，增设并推广了电话付税栏目
新一代互联网产品	为下一代互联网产品选择供应商	作为选择供应商团队中的主要成员，此次采购的费用超过了 200 万美元
ACH 风险管理	设计了风险管理方案以使 ACH 类文件实现自动融资，确保风险管理的同时将更多注意力集中在客户身上	首先在市场营销方面，设计了战略，解决了培训和简化原有复杂流程的问题。项目成功实施，超出预期与既定目标，得到公司高管的好评。市场调研表明，该项目在市场中排名靠前，传统上以集团客户为主的项目也转而赢得了更多个人客户的关注

注：由 Katharine Hansen 撰写。

履历七：

GEORGIA LUTZ

高级科学家/国家机构职员/ARGINET 协调员/

国际农业促进中心

我是一名管理人员，同时也是一名农业专家，在国际农业领域已经有 14 年的科研、能力建设和监督管理经验。我现在正致力于充分发挥我在总部位于菲律宾的国际农业促进中心的多项职能，使得国家农业研究机构满足小型农业相关组织的需求。在国际农业促进中心，我不仅是一名高级科学家，还是我国与这一中心的联络员。从 1998 年起，我还担任农业生物技术网络（ARGINET）的协调员，监督管理该中心与亚洲地区 6 个国家的 9 所国家级研究机构的培训、研究和信息网络工作。

目前，我担任亚洲一个新项目的临时协调员。这一项目致力于科研成果的转化。亚洲开发银行是这一中心的资助人，而我则是申请亚洲开发银行资金报告的执笔人。

我在其中负责多项事务，包括起草规划，管理预算，审查各国的工作方案并分析这些方案可能面临的困难，确保责任到人，监管有效，以及解决方案在预算范围内切实落实。

续表

为了营造一个有利于科学家安心科研的环境，通过与高级政府官员、大学、捐赠人以及其他利益相关方的充分沟通和协调，推动落实各国对这一项目的支持。 在此之前，我是国际农业研究院的长期咨询专家，专注于农业生物技术方面的技术发展和成果转化领域。我将分子技术推广到发展中国家的水稻栽培项目。 我能够适应多种文化的特点与各个利益相关方进行有效沟通，这是我在中心最突出的优势。我总是能在多学科领域之间、各利益相关方之间、来自各国的合作方之间找到合作的可能，这是我成功的关键。 我应用生物技术进行的研究涉及多个领域，包括植物、微生物的相互作用，以及水稻和玉米的分子基因。在中心，我从技术型的科学家做起，在不断提高科研水平的基础上，逐渐担任更多的管理职责。在中心战略规划的制定过程中，我负责合作方、网络和系统这几个方面的工作。 我在夏威夷大学拿到了微生物学方面的硕士和博士学位，同时我还拥有菲律宾大学公共管理硕士的学位。我本科也是从菲律宾大学毕业的，专业是生物学。在此基础上，我参加了大量的管理和领导力培训，以提高我的职业能力。

注：由 Katharine Hansen 撰写。

小结

在这个标准化履历为王的年代，如果能在履历中巧妙地讲述故事，会大大增加你求职的胜算。通过运用职业档案、职业能力汇总单和表明你成就的点句，你可以快速吸引读者的目光，让他更充分地了解你的职业脉络。补充性的文件还可以帮助你更好地讲述自己的故事。

第五章　讲个好故事，写好求职信

求职信和由整整齐齐的点句构成的履历差别很大。求职信是叙述性的，它可以允许你以更大的自由度来讲故事。你可以通过求职信引发雇主的情感共鸣，让雇主知道你的成就，通过每一段讲一个故事的方法让别人对你的履历过目难忘。并非所有的雇主都会阅读求职信，大约有三分之一的雇主是不读求职信的，但，凡是读求职信的招聘官都会认真地读，而不像看履历一样匆匆一瞥。

在本章，我会教你集中写作求职信的典型手法，以帮助你最大限度地提高求职信的影响力。我会告诉你，在故事型求职信中要写什么，不要写什么。还会提供相应的模板供你参考。

在求职信中可以讲哪些类型的故事

求职信比履历更能表达你的个性。它可以让招聘官了解你来自何方，你是否符合目标岗位的要求。求职信中包含了引人注目的、有意义的信息，这些信息可以在你和招聘官之间搭建一个互相认识、了解、沟通的桥梁。你可以在求职信中讲各种各样的故事，如你早期对某个职业领域的兴趣或者热情、你成功完成的项目、各种职业成就、重要的解决方案、获得的结果等。

关于早期职业兴趣和定位的故事

你可以在故事里讲，当初你是如何对目前的职业目标感兴趣的，你决定如何去实现这一职业目标。为撰写本书，我曾针对求职信，开展过心理访谈。其中的一名访谈者说，接下来的这个例子“能在你的脑海展现出一幅生动的画面，给你留下深刻的印象”：

我印象很深的一件事发生在孩提时代。那天是我第一次乘坐飞机，家人带着我去加利福尼亚旅行。我到现在还记得当时兴奋不已地抓着妈妈的手，登上舷梯，进入那架巨大的红白蓝相间的飞机里。这是我第一次乘坐达美航空公司的班机，我永远不会忘记。我愿意在达美航空公司做培训指导，为别人带来同样的兴奋。

还有这样的例子，如：

六年前，当您给了我第一份工作时，我在想您是否意识到，您点亮了我的职业发展之路。我很感谢您给我机会让我在零售行业大展身手，这不仅是因为我非常热爱这个工作，还因为我在这个工作中学到了很多东西，我想长期在这一行深耕广种。

如果您想为 StoryDance 公司找一个像我这样热情、充满创造力的创作助理可不容易。还在儿童时期，我就参加了 StoryDance 的表演活动。我发挥创造力和想象力改善了表演活动的流程。带着同样的想象力，我进入大学戏剧系舞蹈专业学习。

关于动力和热情的故事

我曾组成一个心理访谈小组，讨论范例一所示的求职信。当时大家都纷纷表示“激情”“让人兴奋”这样的词很好。大家认为，这正是雇主希望在求职者身上看到的。人们并不愿意去雇用一个只是完成任务就万事大吉的人，而是一个在工作中充满着积极和热情，不仅尽全力完成本职工作，还想方设法帮助整个公司改善业绩的人。在求职信中有“动力”“热情”这样的话，会给雇主留下积极的印象。例如：

去年读完媒体沟通和技术学位后，我对视频制作工作充满了热情，我愿意为“西南新闻视频”贡献我的知识和能力。

每天早晨踢开被子从床上跳下来的时候，我都渴望迎接新的挑战。我想象得到，贵公司的营销经理面临着怎样的困难，但是如果让我担任产品支持和培训经理，我会用我的专业知识为营销经理提供充分的帮助。

关于项目和成果的故事

你可以通过故事讲述你领导或参与的一些重要项目是如何开展的，取得了什么成效。下面是两个范例：

我在小额银行业务和直接投资行业的新兴市场——越南——有着 5 年的工作经历。这使得我与公共部门和私营部门的决策层建立了牢固的联系。我曾经带领一个小团队，从零做起，重组了一家越南的银行。我很了解那里翻天覆地的变化，也在那里充满热情地发挥我的领导才能。成效十分显著，出乎所有人的意料：我们不仅使那家银行稳定下来，还使其资产增加了 200 万美元。在这次成功的重组之后，我被提拔为副经理，成为越南银行业最年轻的经理。

我成功地修复了客户和一家重要金融机构之间岌岌可危的关系，为这个全球项目团队建立了旗舰办公室。这使我在客户管理和关系维护方面名声大噪。在工作中，我将一个成员专业、背景各异的团队团结在一起，齐心协力制订计划并成功完成了项目。

关于解决问题的故事

你还可以有效地利用故事来讲述你是如何为雇主解决问题的。下面是几个范例：

我很擅长运用分析能力解决问题。例如，在“美国食品”工作时，销售指标没有和财务目标对应起来。我创建了一个销售预测系统，将订单、货运和发票环节挂钩，每天早晨自动生成 SAS 汇总分析报告。系统每天将 SAS 报告发送给每个销售单元，这样所有人都能看到每天的销售情况，确保将销售指标和财务目标紧密结合。我在其中还增设了一个趋势预测模块，大家能随时看到哪些产品没有完成任务。这一系统成功地促成了 Mighty 牌通心粉生产线的建成。

我在 Connor Associates 公司担任咨询师的时候，表现出极强的领导能力。例如，去年夏天公司的主机崩溃，我们失去了大量的重要数据。我说服团队成员额外加班，用短短几周的时间就将数据重新制作出来。

我丰富的背景使得我能够很好地应对客户关系建立中的各种情况。例如，在我目前的工作岗位，我找出了我们与一家计算机生产商之间紧张关系的问题所在，并将之解决，结果这家生产商与我们公司签订了价值 100 万美元的合同。不仅如此，这家生产商还对我们的服务赞不绝口。

关于其他成就的故事

在撰写本书的过程中，我还采访过 RS Information Systems 公司（RSIS）的副总 Robert S. Frey。他说关于你过去所取得的成就的故事会让招聘者认为你是最佳人选，因为你所取得的成绩正是招聘单位正在寻找的。通过讲故事，你可以生动地表现出过去你是怎样为雇主做贡献的。例如：

我最近的一份音乐行业的工作是在 BMG。那时候，我管理 100 万美元的项目预算，帮助公司提高了 Clay Aiken，Taylor Hicks 和 Carrie Underwood 这几位歌手的唱片销量。我可以高效地监督预算制定，进行视频和照片拍摄费用的谈判，雇用有创造力的员工，以及承担艺人、他们的经理人和唱片公司之间的沟通协调工作。

在环球金融咨询公司工作的时候，我对商业和金融行业有深入的了解，这使我足以胜任商业咨询工作。作为处在职业上升期的咨询顾问，我可以随时给亚特兰大业绩良好的公司的 CEO 们或董事长们打电话，要求与他们会面。我具备很强的创新性思维能力、总结归纳能力以及沟通能力。我可以很有效地向客户阐述我们公司的价值，向客户提供税收、法律、保险和内部制度方面的咨询建议。我帮助客户将复杂问题简单化，鼓励他们面对问题时积极采取行动，然后与环球金融咨询公司的同事一起将我们的咨询方案付诸实践。

我很擅长开发客户并维护客户关系。这从顾客的反馈和评价中就可看出，他们中很多都是回头客，而且指定要求我服务。在过去的 3 个月中，我的点餐销售量比 80%的服务员都要高出 15%，而我自己的业绩则提高了 20%。作为一名服务员，我还曾获过最佳饮料销售奖。

在 Winona 州立大学工作时，我完成了大量的编程项目，锻炼了领导力和处理人际关系的能力。我组织了 2008 年年度程序员晚宴，有 300 人参加了这一盛宴。

关于你个性的故事

这些故事能激发雇主对你进一步了解的兴趣，会让他们打电话要求你参加面试。这些故事可以展现出你的幽默感、职业道德、同情心，或者只是你的个性。它们可以很形象地描绘出你是什么样的人。例如：

我是一名建设者。我不是说拿着锤子敲打钉子这类事情。我喜欢建设的那种感觉。在前一份工作中，我为母公司组建了 3 个机构，填补了空白。我明确了每个部门的职责，雇用并培训了 300 多名团队成员，成功地提高了团队的能力。我为组织设计并实施了可以展现其业绩的系统和体系，这也提高了这些机构的胜任能力。我运用自己的创造力、理解力以及其他能力，解决了各种复杂的问题。

我承认，我是那种心理极客。我对每个人的行为、思想、个性形成原因都很感兴趣。从我记事起，我就流连于图书馆心理学类图书和哲学类图书书架之间。我热爱学习，也乐于解决问题。我很有耐心和同情心，这使得别人在我面前很容易卸下戒备。我不会用成就来判断一个人，我能看得到别人一次次的努力和过去的经历，我认为这些将促进他们的成长和成熟。

我是一个一贯乐观向上的人。我的朋友有时候会很好奇，我为什么总是那么精力充沛。我对自己一直在努力成为一名优秀的临床营养师感到自豪。你从我的履历上就可以看到，我是改行做营养师的。当我还是个小孩的时候，就对食品和营养很感兴趣。我会帮助那些需要通过控制饮食来治疗的病人制定食谱。通过自学相关知识，我对营养学更感兴趣了。当我发现通过临床营养治疗可以帮助人们预防疾病时，我就下定决心成为一名执业营养师。

我曾经在书上读到，在精神病院的工作经历，或者作为驯兽师和魔术师的从业经验对于成为设计公司的平面设计师很有帮助。坦率地讲，我并不具备上述的经验，但是我在一个节奏快、压力大的环境中胜任过相关工作，可以同时管理多个项目。我富有创意，能够熟练使用苹果机和 PC 机，我就是你们要找的平面设计师。

在求职信的开头，你可以简单介绍一下你将要在求职信中写什么。例如：

履历只是我的骨架，而求职信会让你看到一个鲜活、真实的我。

关于你对应聘公司兴趣的故事

你还可以讲述长期以来对应聘公司的了解和向往。要慎重处理这一部分内容，因为在这里你要告诉应聘公司，你能为它做什么贡献，而不是询问它，如果雇用了你，它会满足你的什么心愿。还要注意，不要白费唇舌，不要讲那些应聘公司早已知道的事情。你可以把自己作为顾客，将对其的向往写出来。就如下面这两个例子那样：

我是一名季节性航游旅行爱好者，本身从事酒店管理的工作。因此我很清楚贵公司是行业翘楚。我具有营销、客户服务、销售、信息系统、西班牙语，以及游遍世界的教育背景和经历，这使得我能胜任贵公司——皇家加勒比航游的工作。

我一直是大众汽车的忠诚用户。我特别喜欢大众生产的汽车，我会用同等的热情为大众工作。我会充满激情地发挥我的汽车设计才能。

还有其他的可以表示对应聘公司的兴趣和热情的故事，如：

我羡慕Birnbaum投资公司的很多分公司，因为贵公司不断地推介旅游业的新产品。Birnbaum是未来Barbados地区创新旅游业的带头人，我知道我能为Birnbaum做出卓越的贡献。

我之前曾经在沃特·迪士尼工作过，我深知一家公司要想获得成功首先要赢得客户的满意。在如今这样激烈的竞争环境中，贵公司引以为豪的高效的员工招聘、雇用、培训和管理方法，是满足顾客需求的关键。

帕克森制造公司的宗旨是雇用最佳员工，这似乎是贵公司有着一流口碑的原因所在。我相信，我具备为帕克森做出贡献的素质。这就是我在Monster.com网站上看到帕克森招聘产品开发经理的广告时，前来应聘的原因。

我怀着仰慕之心，研究了Pinnacle公司取得的成就，我认识到，Pinnacle的成功在于培训师们能够说服培训班的学员进一步接受Pinnacle开展的深入培训。我在念大学的时候，每个暑假都能做到吸引听众的注意力，成功向他们销售家居用品。每个暑假的销售额都比前一个暑假高，我一直是所有销售员中业绩最好的。

我一直以来都是一名动物爱好者。最近通过新闻，我了解到VetMed公司的药物成功地减轻了关节炎给狗狗带来的疼痛，这让我非常感动。我马上就要从田纳西大学生物系毕业了，我想在兽药研究这一行有所成就，我非常愿意将加入VetMed公司的研发团队。

在求职信的首段就要赢得招聘官的注意力，这会使整封求职信达到更好的效果。如：

那些对在汽车租赁业工作感失趣的人不想为该行业的领袖增添动力，贡献才能吗？我们家是贵公司的铁杆粉丝，从来没想过从其他汽车租赁公司租车。我非常想干这一行，这就是我申请贵公司实习经理职位的原因。

关于你的适应性的故事

你还可以讲述故事，描述你如何与招聘单位的文化、价值观和宗旨相契合。Frey 自认为是一个“实事求是的故事写手”，他认为成功的提案写手应该“亲吻客户的宗旨”（在这里，客户就是招聘单位）。也就是说，你要理解招聘单位的宗旨，证明你能给招聘单位带来符合其宗旨的价值。

我本科读的是商业和销售专业，实习是在 Sheraton St. Augustine 公司，我的职责是向来自世界各地的记者和游客推销五星级酒店的膳宿。除此之外，我很擅长打高尔夫。如果我能加入贵公司高尔夫装备销售团队，我会成为一名得力的员工。

我曾花大量时间对幸福感强的员工进行访谈，以调查各家公司的氛围。我的研究结果表明，Stocks Unlimited 是一家伟大的公司，公司氛围很好。我愿意在这样的环境中将我的才智毫无保留地奉献出来，为公司的建设添砖加瓦。贵公司的价值体系令我印象深刻。贵公司以将心比心的态度与顾客相处，如能有幸成为贵公司的一员，我将非常自豪。

贵组织的宗旨是“为了美国人民的长远利益，保留、保护和改善鱼类、野生动物，以及它们的栖息地”，这令我热情高涨。我迫不及待地想去帮助那些保护濒危动物、候鸟、内陆水产，以及管理野外考察站的工作者们。

关于教育情况的故事

刚从大学毕业的学生可以多讲一下，他们在大学阶段是怎样为进入目标公司工作而做准备的。这类故事最好不要仅仅讲课堂学习的情况，还应该讲一下课外活动、领导经历、参加运动组织的情况、实习、在岗学习的工作，以及其他经历。例如：

我本科毕业论文的相当大一部分都在论述如何通过管理许可证来减少碳排量，对全球变暖效应也十分关注的 Sierra 俱乐部对我的论文表示十分认可，我希望毕业后能从事这方面的工作。

我在迈阿密大学读书，专业是会计学，我对会计基础知识掌握得很扎实。我知道 Baldwin 公司想开发一套管理销售和存货的信息系统。而我大学期间就应用 Access，Excel 和 Visual Basic 开发了若干客户订单管理系统。

我在学校学的是会计专业，从事的也是会计工作，这使我能胜任贵公司的工作。我曾担任一家有着 60 名雇员的公司的会计主管，独立处理银行对账单、应收账款账务和应收票据账务，准备日记账凭证，出具财务报表，设计激励方案，并且开发了一套会计信息系统。我可以一如既往地为贵公司提供精确、高效的服务。

在 Blue Cross/Blue Shield 公司实习的过程中，我充分发挥了自己的市场营销才能，通过耐心地沟通，使用若干分析软件，我对慈善捐赠人的动机进行了深入的研究。在实习的第一个月，本地的一家杂货店举办了一次名人装袋募捐的活动，我和大学老师一起为这一活动供应货品。

作为一名计算机实验室助理，我学到了常人难以学到的第一手的解决计算机软件问题的技巧，之后晋升为副教授，为学校的研讨会提供技术支持。我和教员的紧密联系，使作为新生指导课程教师的我很受学生欢迎。我负责策划授课主题、授课大纲，组织课堂讨论以及亲自做演讲。

我的履历显示我目前在大学就读，但我不是一名普通的大学生，而是一名干劲十足的创业者。我自己已经成立了一家房屋粉刷公司，将所得收入用于支付我的大学费用。我还是大学兄弟会的主席，我一直努力把兄弟会做到最好。在我接手之前，我们的兄弟会只有 8 名成员，而在我当主席的时候，又有 22 名新成员加入。我们还因为获得了一项招募新人奖而闻名全国。

能触动人心弦的故事

情感故事非常有用，但是要精雕细琢。尽管某些雇主会被下面这些故事打动，但是通过心理访谈，我发现有些参与者认为，这些“负面”的故事不会打动他们。一名参与者说：“这些故事并没有传递足以使雇主决定雇用他们的正面信息。”

我能为 Maplewood 儿童医院做出巨大的贡献。在孩提时代，我经常生病。直到现在我还记得那时的医院环境给我什么样的感觉。我愿意尽我所能给孩子提供一个舒适温暖而不是冰冷可怕的就医环境。

有年暑期，我在卢旺达的红十字会实习。我看到了那里的人们所遭受的苦难，它远远超出我的想象。出于对受苦受难的人们的同情，我决定从事减轻人们痛苦的职业。这就是我来您这里申请社工职位的原因。

最近，我花了很多时间陪我的两个弟弟。他们先后由于受伤不得不住院治疗。我由此积累了看护长短期住院病人的经验，了解了他们所遇到的问题。

那么，什么样的动人故事是有助于求职成功的呢？是那些在求职者的内心世界和他应聘职位要求的工作能力之间建立正面联系的故事。例如：

我有一项出众的能力，那就是与病人建立良好的关系。我不需要听他们说什么，就能从一些细枝末节中了解他们的感受。因而我擅长鼓励他们自我调控甚至消除机能障碍。我永远记得我之前的一名 88 岁的病人，她的名字叫 Dottie。我永远记得在结束治疗后，她能给大曾孙写信时眼里流出的那种激动幸福的泪花。

我的经历让我深信，提高对幼儿看护的水平是推动社会进步的最有效的途径。幼儿早年受到的关怀对于其成年后是融入社会还是形成反社会性的人格有很关键的作用。我开发了一个幼儿看护流程，并为 60 名幼儿提供了恰当的指导、营养调理、安全和无条件的爱。我给他们营造了美好的童年，成年后他们仍旧印象深刻。他们中大部分人发展水平都高于同龄人，并且受教育程度均在大学以上。

对大多数人来说，在保险业从业不需要使用作为咨询顾问时所需要的同情。对我来说却不是这样。我在做健康保险理赔工作的时候，遇到这样的情况。有一家人的房子在圣诞节期间被毁掉了。他们连缴纳保险费的钱都没有了，他们面临着马上被取消健康保险福利的困境。我上门为他们做了一个缴费计划，快速办理了男主人的残疾索赔，还在圣诞夜和其他同事一起为他们送上了 4 大盒圣诞礼物。

我是一个培训弱势青年项目的协调员。我全心全意为弱势青年的培训工作服务，并且力求卓越。我曾经帮助一个男孩将数学成绩从 F 提高到 B。今年，我用我的热情和真诚号召了 115 名志愿者加入到我们的项目中。我同样会为您做出贡献。

支持你的自我评价的故事

通过对招聘官和雇佣经理进行心理访谈，我发现，雇主希望在求职信里看到一些实实在在的例子，来证明求职者的自我评价，而不仅是空喊口号。

我做旅店管理已经有6年了，这使我熟悉行业的各个领域。这些年，我们家的自有/自营旅店从单一门店发展成具有9家门店的连锁企业。我是在这个行业中长大的，与形形色色的人都打过交道。我的企业经营、人际沟通以及员工激励能力都很出色，如果能成为贵公司的合伙人，我会使贵公司取得更大的利润。

我有两年暑期实习是在电信营销部门从事销售工作。我从销售代表做起，很快就被提拔到销售副经理。第二年，我被全职雇用为销售经理。这样成功的行业经验以及我的教育背景，必然会提高贵公司的收入。我富有创造力，进取心强，我会创造你们所需要的价值。

我在担任GenYX网络公司副总裁的时候，将公司定位为领先的互联网批发商。事实证明，这一定位是正确的。我精通市场营销技术，擅长激励团队成员，能够精确制定市场营销计划，同时处理多项工作任务。

我在美国海军的职责范围和贵公司公布的职位描述基本相似。我独自管理、跟踪以及汇报医院的财务状况，包括损益表和资产负债表。我还曾为30个部门的医疗机构做过季度预算和年度预算。

我上一份工作在美丽珠宝公司，那里汇集了各个行业背景的人。我成功地消除了员工之间关系不和谐的状况，促进大家互相协作，提高了生产效率。我擅长人际沟通，能够适应别人的需求，具有很强的幽默感。我努力配合上司，与同事合作，使得办公室氛围十分融洽。大家认为我很有能力，适合从事客户服务工作。

我是一名讲习班授课教师，也做一些培训班的组织工作。为纽约的林肯美学教育学院培训艺术家。我一直致力于在授课和设置课程的时候贯彻美学教育的哲学和实践。我将艺术调研、学术提升和教学完美地结合在一起。我可以设计结构合理的课程单元，促进学员的反馈，将所有艺术形式都作为教学工具，带动所有学员的参与，使本州和全国的艺术品代理机构、学区以及教育组织持续为我们的培训提供资金支持，并获得巨大的成功。

关于你独特之处的故事

通过故事证明你的独特卖点，即 USP。USP 是广告学术语，是指使一种产品超越其他竞争产品的独一无二之处。要在求职信中写出你比其他人更适合某一职位的特点或资质。你的 USP 故事将回答招聘单位的这个问题：我为什么要雇用你?

很多年来，我一直是个半专业的网球运动员，所以我深知，装备对一名网球运动员来说至关重要。我明白，网球装备行业竞争激烈，就像这一运动本身一样。改善经营可以使一家网球装备公司超越同行。我相信我具备这样的资质，因为我在业余时间担任半专业网球运动员的同时，正式的职业是一名营销主任。我知道营销部门是企业成功的关键部门。我确信我在这一部门可以成为最优秀的成员。

我曾经在社区讲授艺术课程，我知道如何营造创造性的艺术学习氛围，将人们组织在一起，激发他们的情感，鼓励他们对话，提高他们的学习效果。这样的经历使我能够将 Hialeah 艺术学校建设成学院。我见证了艺术鼓励人们，赋予人们力量，治愈病患，修复关系，使人们重新找到生活之路的奇迹。

从我两次从事编辑工作的经历来看，办公室的垃圾桶之所以有 30 加仑的容量，是因为我收到太多的出版社发行宣传单了，其中 90%都进入了垃圾桶。我可以写一本书，或者开设一门课程，告诉别人，不要写新书宣传单，也不要搞宣传活动。我从编辑工作中学到的知识就是能胜任贵公司公关主任一职的原因。

利用人脉关系的故事

在求职信中，你也可以告诉招聘官，你们过去有过交集。

我很喜欢您最近在圣里奥大学发表的精彩演讲，您对制药销售领域的发展趋势有十分深刻的见解。您的发言促使我去深入探究 Hoechst Marion Roussel 公司。我发现我的职业行为和销售才能很适合您这家世界第三的制药厂。我注意到，Hoechst 于 2008 年在生产过程中开始实行流水化作业，这说明您认为质量远比数量重要。您的这一经营哲学和我的能力有很高的契合度。我愿意向您介绍，我扎实的学术成绩、职业道德、动机、组织技能，以及对制药业的强烈兴趣，我会向您证明，我能为贵公司创造出色的业绩。

在我1月份从俄亥俄搬到旧金山住之前，我曾写信问过您是否有机会在您那里工作。您很慷慨地花时间给我回了一封热情洋溢的信。您说凭我的资质，在您那里找到一份工作没问题。您的信让我觉得很温暖，我想让您知道，我已经搬到旧金山了，已经做好为您的公司效力的准备了。

解释不寻常或不利情况的故事

如果你有搬家、长时间照顾家人、休息、生病、残疾、失业、旅行这些情况，重新求职时，在履历上向招聘官解释这些会特别困难。然而，求职信会给你一个较好的解释空间，当然这一块内容也需慎重处理。你一定不想让自己所讲的故事引发雇主产生更多的疑问吧。你也不想本来芝麻大的事让招聘官觉得十分重要。当然，不要在特殊事件上花太多笔墨。下面的这些例子就做出了很合理的解释：

在Accenture做咨询师的时候，我曾经休过产假，原本计划只休几个月。但是没想到，孩子患上了自闭症，为了照顾他，我的职业生涯中断了6年。但是这也激励了我从事特殊教育工作。现在我不仅有教育学的学位，有在做咨询时培养的沟通能力，还有抚养自闭症患者所学到的知识。我希望能够设计教学方案，亲自进行教学，满足每一个孩子的特殊需求，确保每一名学生的潜力都被发挥出来。

解释职业转换的故事

尽管短期从事某一职业越来越被人们普遍地接受，很多雇佣决策者对于求职者改变职业道路总会有所顾虑。他们想知道求职者为什么换工作。他们想问的问题是："为什么我要雇用这个中途改行的人，而不是一直在这个领域工作的人?"你一定要利用你对这一行的热情和爱好以及可以在这一行发挥的技能来回答雇主的问题。

我一看到贵公司的招聘销售规划专员的广告就心动了。贵公司的职位描述让我激情澎湃，我是最适合做这个工作的人。我希望在贵公司卓越的环境中工作，愿意迎接这个岗位带给我的挑战。我有这个职位需要的素质，我能证明这一点，而且我已蓄势待发。

我过去做按摩师是因为我想帮助人们，为他们的生活带来积极的影响。在写作方面，我也付出了同样的努力。现在我是一名有着丰富的写作和出版经验的健康专家，我具备你们公开招聘的特约撰稿人岗位要求的能力和才华。我盼望着为《人体健康》杂志工作。

10 年前，我加入 Buenger 公司的时候，公司的年营业额是 9 000 万美元。加入这家公司后，我不断创造新的成就。在公司的年营业额增长到 10 亿美元的过程中，我起到了非常重要的作用。我一直在追求更大的进步，因此我想加入正在快速成长的贵公司，把我在 Buenger 公司扩张过程中学到的知识用来帮助贵公司发展壮大。

满足雇主需求的故事

你还可以描述一下未来你将如何满足雇主的需求，帮助雇主迎接挑战。

6 个月前，我被贵公司的 Tranter 女士面试过一次，那次经历让我对瑜伽培训这一行有了一定的了解。在面试过程中，Tranter 女士说，她的工作室计划制作一个用于宣传推广的网站。我愿意把我对瑜伽的了解和网页设计、HTML 语言编程技术结合起来，为您的工作室建立一个管理网页。我已经对您的工作室网页的外观有了一个初步的设想，希望与您见面，向您展示我的设计。

最近我在贵公司连锁店中的一家便利店从事管理工作，因此我非常熟悉如何对业务进行优化。在这家便利店中，我组织和监管员工按照任务清单完成工作。当总部把任务清单发给我们店的时候，我会根据店里的具体情况制定本店的任务清单。现在，我想做整个总店的任务清单管理工作。在“问题店”——正如你们常说的那样——工作，我非常明白会遇到怎样的困难，并且已经有了一个初步的解决方案。

我明白 Hanover 信息系统承担着大量的电话营销和数据外包任务。对于一家公司来说，维护数据库的费用非常昂贵，对此项任务进行外包也许会更有成效。我相信通过寻找维护数据库的其他渠道，我能提高公司的生产效率。

在求职信里可以写什么，　不可以写什么

即便你在求职信中创造性地整合自己的故事，也要遵循以下写作指南。

求职信中可以写什么

首先，以下是写求职信时需要牢记的几条原则：

尽可能保持简洁

现在的雇主不像过去那么耐心，在阅读求职信上花的时间也不像以前那么多。理想状态下，你的求职信应该有 4 段，每段讲述一个故事。

尽可能方便阅读

雇主永远渴望读到点句，所以即便是叙述性的求职信也要考虑到雇主的这个需求，这会提醒你避免大段的陈述，方便雇主的阅读。在做心理访谈的时候，访谈对象对范例三的“故事+点句”型的求职信都赞不绝口。用点句的方式陈述故事是可行的，就像下面的例子：

我在 Redwood 城最大的医药产品批发公司里做过 4 年的销售经理。我负责领导公司呼吸机的推广和销售工作。这段时间，我取得了以下成就：

- 我领导团队将营业额从 300 万美元提高到差不多 1 100 万美元，增长了 3 倍。
- 我让公司的利润增长了 5 倍。2001 年公司利润为 15 万美元，2008 年为 78.5 万美元。
- 我领导团队将本地客户的数量提高了 250%。

我在这家公司担任 4 年的销售经理以及在其他公司从事 15 年的销售工作所取得的成绩并非是巧合，也不是什么运气。我擅长分析市场/销售状况，能创设流程将竞争对手甩在身后，这是我非凡销售能力的核心所在。

使用表格讲故事是另一种可阅读性强的求职信格式。还记得第四章 Mathias Carroll 的项目清单履历附录吗？还有一个充分利用履历附录的办法，那就是提取 3～4 个项目，在求职信中突出说明一下，如范例二所示。

尽可能有特点和支持数据

如果你所处的情境比较特殊，读者会更容易认同你所取得的成功。除此之外，雇主们还希望读到支持性的数据。

讲述令人信服的故事

为了故事而讲故事，并不能真正帮助你。要确信你在求职信里讲的故事能吸引读者的注意力。

讲述相关的故事

只讲那些说明你可以满足雇主的要求、为雇主解决问题、取得雇主希望你取得的成果的故事。如果你的故事和雇主的需求并无明显的关联，不能被立刻识别出来，那么指出故事中你的技能和资格，帮助雇主发现其中的关联性。例如：

我擅长组织活动，注重细节，可以得这些特质应用于规划事件和协调活动。我可以通过预测新的商机，制定沟通活动战略，成功管理客户关系，举办展示活动等途径来提高贵公司的盈利能力。

使用雇主的一些信息和语言

浏览一下雇主的网站，或者翻看介绍雇主的印刷材料，找出其中的口号和短句，在你的故事中使用这些口号和短句。雇主如果能在故事里读到他熟悉的语句，就会产生语言镜像的效果，产生“对胃口”的感觉。雇主们喜欢在履历中看到自己公司的常用话语。以下的例子都是在雇主的网站中找到启发后的例子。第一个例子中，雇主的网站上声称，公司的员工都得像超人一样，可以“跃过所有建筑物”。

我已经做好了“跃过所有建筑物”的准备了。我知道贵公司的职员都对工作充满了无尽的热情，我也能热情高涨地为 Henderson 合伙公司工作。我在快节奏的工作环境中为忙碌的部门提供过优质的行政管理服务，这样丰富的经验使得我能够胜任贵公司行政助理/接待员的职位。

贵公司在网站上的口号，使我发现我在创造力、时尚和客服方面信奉的哲学和贵公司十分契合。因此，我渴望加入贵公司，发挥我在协调组织各类人员方面的经验，注入我对时尚的热情和对贵公司理念的无上崇奉，我乐意与各方合作行事，尤其是在如此飞速发展的行业中。

求职信禁忌

以下是写求职信时一定要避免的事情。

在求职信中不要使故事线索断掉

即便你的求职信里只有一段是以故事形式出现的，也要尽力把整个求职信中的故事整合为一个主题，做到前后呼应。如范例一所示。

不要把求职信写成自传

在求职信里讲故事并不意味着介绍你的整个职业生涯，那是一份履历中该陈述的东西。下面就是一个反面例子：故事讲得太长，阐述了太多的想法，不仅与求职者想要应聘的计算机程序员的职位不相关，各个观点之间也没有明显的联系。

大约有3年的时间，我在Bucknell大学的学术计算机服务中心担任学生计算机技师，负责维修和维护学校所有教师、职员以及实验室的计算机。除此之外，我还需要维护我们的网络和服务器。同时担任学术计算机服务中心一名实验室管理员的我还负责设计和维护Bucknell大学互联网的几个页面，这对我熟悉HTML编程语言很有帮助。我的文科专业背景让我十分擅长沟通。另外，在大学工作的时候我还修了几门数学和科学课程。我学过三角函数、统计学、微积分一和二、线性代数、逻辑学和离散数学。我还学过一些计算机科学课程，使用Assembly，Pascal，C/C++，以及其他几种语言。我目前主要能在Windows NT和Windows XP的操作系统中使用C/C++语言进行编程。

而通过改写，把上面故事中的内容重新组织一下，故事与专业技能之间的关系就清晰多了：

在Bucknell大学中接近3年的修理和维护学校所有教师、职员以及实验室计算机的经历，使我具备了从事贵公司帮助中心分析/编程员的基本素质。我还负责维护我们的网络和服务器。我在实验室的工作经历也锻炼了我的管理能力。

在攻读哲学学士学位（2009年8月获得学历证书）的过程中，我积累了扎实的文科知识，这使我具备贵公司需要的较强的沟通技能。

我把HTML编程技能和沟通技能结合起来，为Bucknell大学设计和维护了几个网页。我的数学知识扎实，参加了使用Assembly，Pascal，C/C++和其他语言在Windows NT和Windows XP操作系统中进行编程的课程，这些我具备您需要的多样化的编程技能。

不要忽视招聘广告中的故事线索

这里要讲的原则和上面所提到的镜像效应的原理十分相似。Jeffrey Fox在他的*Don't Send a Resume*一书中称，写得最好的求职信是那些能够呼应招聘广告的“回音信”，因为这样的求职信里有招聘广告中的线索，与招聘广告契合。Fox在运用他所谓的“超级营销技术”的时候，建议求职信撰稿人“迎合招聘广告的撰稿人”。Fox说，当招聘官员读到这样的求职信时，他会觉得“看来这个人满足我们的要求”。

在下面这个例子中，雇主的招聘广告里很巧妙地写道，他们想要雇用的人要具备像 20 世纪 80 年代一个银幕人物“MacGyver”那样的善于用最小的代价处理各种棘手情况的品质。

大救星 MacGyver！我有 MacGyver 的牙签和胶布——也就是我熟稔于心的可维护性很高的 HTML 编码技术，我可以为贵公司的客户编写高质量的网页代码。我从事网页开发项目已经 3 年了，这对于贵公司拟招聘的网页内容架构师要求的经验来说无疑具有宝贵价值。我善于沟通，对贵公司所关注的领域均有深入的了解，我会为贵公司的团队贡献我最大的力量。

不要忘记求职信写作指南

在本书结尾部分，我列出了一些可以借鉴的求职信写作资源。你能在 www. quintcareers. com/cover _ letter _ checklist. html. 这个网址上找到一个便于使用的资源清单。

故事型求职信范例

故事型求职信应该怎么写呢？我在下面举了 3 个范例，每个范例都使用了各具特色的方式来讲述故事。范例一是说明了求职人早期对本专业领域的兴趣和热情。范例二通过使用表格，讲述了“挑战—行动—结果”的故事。范例三则是一封通过故事描述某项成就的求职信。

范例一：

尊敬的×××：

我热衷于在国外旅行，因此可以完全适应贵公司日本办公室的国际咨询工作。不得不说，我非常喜欢去国外旅行，探究异国文化的风采。还在孩提时代，我的祖父母给我各种各样他们去过的全球各地的邮票，来充实我的邮票册。我深深地被那些邮票吸引了，立志将来游遍这些国家。我第一次国际旅行是在 13 岁，之后，我还去过几个国家，包括日本、英国和欧洲国家的深度游，以及在葡萄牙的为期三个月的咨询实习。

我马上要拿到国际贸易和咨询专业的学位，我具备贵公司要求的进出口贸易知识。我的专业背景使我能够胜任和国际客户沟通，注重细节，出具重要报告这些职责。

我的敬业精神、专业素养、职业忠诚度使得我所服务过的雇主都对我赞不绝口，并不断地让我肩负更多的责任。在最近的实习经历中，我高超的组织技能，扎实的国际贸易法律法规知识基础，对底线的坚守为雇主赢得了利润。除此之外，我还可以为贵公司提供以下技能：

- 处理贸易后续事务，如物流、质量监控、法律事宜、货物加订以及订单调整。
- 在异国他乡工作和生活，与背景、工作习惯、愿景各不相同的人融洽相处。
- 职业道德感强，能够在高压、快速变化的环境中长时间工作。
- 流利的汉语、日语和英语。

• 熟练使用计算机。

我的管理和贸易知识扎实，决策能力强，善于解决问题，具备高效的行动力和领导力，以及丰富的海外经历。贵公司拟招聘的咨询师正应当是我这样的人。儿时的梦想会使得我成为贵公司世界级的咨询师。希望贵公司在方便的时候能对我进行面试。提前感谢您给予我面试的机会。

Yi Chan 谨上

范例二：

MATHIAS CARROLL

（本人地址和联系方式）

日期

公司名称

地址

尊敬的×××：

我曾领导过若干不同功能的财务项目，带领团队实现盈利最大化。我的工作水平高，能力强，可以同时执行多种任务。因此，我足以胜任贵公司项目经理一职。

我在一家财务公司从事项目管理长达 10 年之久，期间硕果累累。这段经历为我积累了丰富的专业经验，可以直接应用于贵公司的相关工作。您会发现，我是一名动力十足，无比敬业，专注，行动力强，善于领导，能够在高压、多变的环境中游刃有余的人。下表列出的是我职业生涯成就的一小部分，供您参阅：

项目	挑战	采取的行为和结果
改善与外部客户的沟通	客户信函答复与权威品牌形象不符，存在无回复情况	首先是让团队重新认识现有的客户建档系统，开发其新的用途。设计并实施了新的客户信件自动发送系统，以使客户持续了解公司品牌，确保重要的信件能够递送给客户，以提高效率。这一流程成为公司所有产品的标准流程
ACH 风险管理	为 ACH 自动融资设计风险管理方案。扩大信贷政策，在处理危机时允许更多的顾客参与	首先在营销方面，制定了消除培训方案缺口的战略，简化了复杂的流程，提高了项目预期和目标，对于成功完成任务的员工，加大奖励力度。市场数据显示公司保持领先位置，客户占有率提高
银行业务打包	设计新的产品方案，其中包括大中型企业非传统客户的产品	首先在营销方面，增加了 200 多名营销人手，简化了产品销售和提供流程，设计了后台程序，实现了销售无缝对接。销售额每月保持 10%的增长率

之前的雇主可以证明我具备精确、清晰地部署能力，能安排极度复杂的战略举措。我很有才华，目标明确，可以快速上手贵公司的业务，并取得立竿见影的成效。

我能力完备，具备不断超越公司目标的能力，可以一如既往地帮助贵公司实现卓越的成就。如果能给予我为贵公司添砖加瓦的机会，我将不胜感激。我会尽快联系您，以确定与贵公司进行面谈的时间。如果您想与我沟通，请按照求职信上的联系方式联系我。谢谢您的关注，期盼与您见面。

Mathias Carroll 谨上

范例三：

日期

收信人姓名

公司名称

地址

尊敬的×××：

我有着丰富的设计、搭建、整合和实施 IT 方案的经验。我可以凭借这些技术经验为公司的成功做出贡献。我动力十足，擅长处理多重任务，熟悉多种硬件、应用和网络代理协议，这些对贵公司的团队来说是一笔财富。需要特别指出的是，我的以下特点可以很好地帮助贵公司提高收入：

• 我可以用创新的方式解决问题，同时我也是一个脚踏实地、事必躬亲、勤勤恳恳的人，能够精确地定位并解决问题。

• 我对引领当今商业领域的技术系统有着全面而充分的认识，同时也能把握商业和生产效率的原则，因此能将技术与商业运作完美地整合在一起。

• 我处事灵活、适应性强，乐于解决问题，尤其是系统功能的复杂问题。

我经常应邀为优化系统提供实施和应用方面的技术支持，这让我积累了丰富的解决问题的经验。我最近取得的成果是：通过找出断电发生源，为系统创建了补丁；实施预防性的续电措施，在既定的停机时间重启服务器；在断电之前清理数据库，减少意外断电；从而稳定了一家财富世界五百强的公司的基础设施。我的这一方案将重大事故发生的周期从一周延长到了将近一个季度。

我期望将我在系统工程方面的专业知识运用于管理和优化贵公司的服务器上，盼望能帮助贵公司优秀技术团队的成长。

希望有机会当面探讨我可以为贵公司提供的价值——加强系统稳定性，降低事故发生率，和其他更多的价值——正如我为前任雇主们所做出的那些贡献一样。我将在近期与你们联系，以确定面谈时间。如果您想联系我，请拨电话××××××，或者发邮件至××××××。感谢您的关注。

Janet Winters 谨上

小结

故事可以很有效地提高求职信的吸引力，事实上，在求职信中讲故事比在履历中讲故事更合适。求职信应当能吸引读者进行阅读，内容丰富有趣，而不应当是干巴巴的公式化的文章。故事可以使求职信更加生动。你可以通过讲故事，在求职信中展示各种信息，加强雇主和你之间的联系。

第六章 讲故事的档案

职业档案，也称就业档案或技能档案，可以在求职过程中讲故事的时候发挥很重要的作用。在本章，你将看到，职业档案能通过以下方式帮助你讲故事：

• 为自己创建职业档案可以让你更好地熟悉自己的故事，并激发你创建新的故事。

• 网络职业档案可以吸引雇主主动联系你，因为在某种程度上，它以极具吸引力的方式展现了你在职业上的成功。

• 在求职面试的过程中，使用纸质的职业档案，能以有形、直观的形式向雇主展示自己。

• 无论是哪种形式的职业档案，都储存了你求职所需的所有材料。

Paulson 写道："一份职业档案讲述一个故事，一个关于了解的故事。它告诉别人你对事物的了解……对某个人的了解……对读者的了解。职业档案是人们自己的故事。在职业档案中，人们会阐述他知道什么，为什么他觉得自己知道这些，以及为什么别人应当与自己持有同样的观点。"

职业档案概述

什么是职业档案？它是一种求职工具，它能更完整地向雇主说明自己在求职信和履历中无法全部表达的信息：教育背景、职业经历、技能、对雇主的潜在价值。

当雇主对求职者在求职信和履历中阐述的个人经验和成就有所怀疑时，职业档案可以帮助求职者证实故事的真实性，增强求职信和履历的可信度。

职业档案的形式

职业档案主要有两种形式：一种是打印版，可以放在活页夹中的纸质的职业档案；另一种是网络版，储存在网络上的虚拟的职业档案。在求职过程中，这两种形式各有所长。网络职业档案能使雇主通过网络查找到求职者，并通过丰富的内容吸引雇主邀请求职者接受面试。而打印版的职业档案则会在求职者接受面试时发挥重要作用。求职者可以利用它向面试官展示自己的成就，尤其是在回答一些针对性的面试问题时。

职业档案中应当包括哪些内容

一家叫作 Quintessential Careers 的职业发展网站针对职业专家开展了一次研究。其间，在问到职业档案应当包括的内容时，一位研究对象表示："我想在职业档案中看到能代表求职者的那些信息，包含与求职目标相关的故事。"另一名研究对象补充道："职业档案是求职者履历的'证据'。它的重点应当是技能、能力、成就。职业档案应当能够'表现并讲述'求职者的职业经历。如有特殊技能应当着重强调一下。"

以下是求职者应该包含在职业档案中的内容：

- 目录、索引
- 履历（传统的文本）
- 职业目标/总结
- 职业理念/任务的陈述
- 成就汇总
- 成功故事的叙述
- 项目总结报告
- 履历附录（见第四章）
- 工作文书、报告的范例
- 业绩评估
- 领导经历
- 成绩单、学位证明、许可证及证书
- 奖项和荣誉
- 志愿者/社区服务经历
- 职业发展活动
- 专业机构的会员资格
- 推荐信、嘉奖信、荣誉证明
- 参考清单

• 和你有关的报纸、杂志、公司简报以及其他出版物摘录

• 工作中相关照片

• 对常规性面试问题的回答

• 对应聘公司所做的调研。在面试中，求职者通过展示这些材料，向雇主表示自己对这个组织的了解和关注程度

智慧工具公司的 Craig Wortmann 认为，将自己的职业成就汇总在一起的职业档案，尤其是将那些将工作中的积极反馈反映出来的职业档案，是求职者的“获胜法宝”。Wortmann 建议，最好将这些材料包装成一本书的样子，或者放进活页夹/盒子里，有新的内容时可以随时添加。他还建议，把每日的对话和会议的笔记、关于战略的想法和实践体会、自己对组织影响力的证明、计划清单、记录下属职业发展的笔记，以及应用于本行业的幻灯片或者模型也放进职业档案里。听从 Wortmann 的建议，我把台历中的日历纸也一页一页地放进了我的职业档案里，那上面有我参加会议的标记、做的项目以及工作成就的记录。

最后，Wortmann 建议，浏览一下所整理制作的这些材料，做一个表格，她称之为“故事矩阵”。在这个表格中的每一竖栏，列明你的求职目标要求你具备的技能；在每一行记录你的成败、快乐以及精彩事件。你可以在 http://wisdomtools. com/documents/Beyond _ Bits _ and _ Bullets. pdf 上看到故事矩阵的范例。

职业专家一般不建议你在职业档案中放入有关你的家庭、朋友、宠物、聚会、爱好、健康、婚姻状况、宗教信仰、政治立场和社会团体的信息。对于在职业档案里是否要放照片，并无统一的观点。有些专家认为，在职业档案里放照片，使得求职者的形象更加具体化；而有些人会觉得，在职业档案里放入照片有可能导致求职者遭到歧视。不过，即便你决定要在职业档案中放入经过精心修饰的照片，最好也是你和团队一起合作或者获奖时的工作照片，这样会有助于你讲故事。

通过职业档案构建故事

Quintessential Careers 的研究表明，在制作职业档案的过程中，求职者会对自己的故事和各种资质有更深入的了解，这会增加求职者的信心，帮助他们做好面试的准备——即便在面试中，他们没有机会展示自己的职业档案。

制作职业档案能增强对自身技能和长处的认识与自信。从某种角度来说，创建

职业档案的过程，就是构建自身故事的过程。你能给自己一个反思和解释自己的成就和收获的机会，如果不创建职业档案是不会有这种体会的。通过为面试制作打印版的职业档案，你将对自己更加熟悉，并充满自信，在面试的过程中你也会更加从容自如。即便你没有机会向雇主展示自己的职业档案，创建职业档案时，回顾自身职业发展的过程也能强化你对个人职业成就的记忆，这也有助于促进你在面试中的表现。

下面是我曾经的一个学生的故事。他的名字叫 Billy Houghton。他在 www.stetson.edu/～whoughto/personal/bio.html 这个网址公开了他的个人档案。这个网址中披露的个人信息，如宗教，并不适用于每个人。在求职的过程中公开政治和宗教倾向总是有风险的，因为如果雇主和求职者持相反的倾向，就有可能把求职者拒之门外。Billy 的个人档案并不完全阐述职业和商业技能。但是这份个人档案别具一格，能吸引雇主对他进行更加深入的了解。或者，Billy 还可以把这个档案里讲的故事作为一个引子，在此基础上，进一步了解自己，创建更多的职业故事，比如在成为一名高尔夫球手的过程中培养出来的坚持不懈和力争上游的性格，以及和睦的家庭对他价值观的塑造等。

我生于佛罗里达州的 Fort Myers，也在这里长大。我现在是 Stetson 大学财务专业的一名 20 岁的大学生，我还辅修了商业法律和管理信息系统两门课程。我计划今年 1 月参加在奥兰多举办的马拉松比赛，这是我平生第一次参加马拉松。所以我现在在很刻苦地锻炼。我也喜欢漂流和野营，但是我最喜欢的运动，毫无疑问，是高尔夫。每天我都期盼我能打 Victoria Hills 的比赛，因为如果毕业之后再参加，难度就更大了。到目前为止，高尔夫是我最热爱的活动，我喜欢迎接比赛中的挑战，也愿意攻克比赛中遇到的障碍。除了运动之外，我还参加了基督教运动员友谊会（FCA）。上帝让我看到了耶稣精神的伟大之处，我很感激他带给我的一切。我很喜欢组织开展 FCA 的礼拜活动。而且我很幸运，被选为校园事工（大学和教堂组成的一种机构）中的一员。

我的家庭同样也来自 Fort Myers，往上追溯已经有四代了。很幸运，我和我的祖父母、外祖父母相处得都非常融洽。不仅如此，我对我的三位曾祖都很了解，他们也住在 Fort Myers。我的外曾祖父母以前一直在南卡罗纳州的 Belton 生活，最近才搬到 Fort Myers。过去两年，他们和我的外祖父母一起生活。我的外曾祖父（Bill McGill）刚刚过世，他的妻子 Fannie 还在世。她是一位很伟大的女士，很庆幸能够认识她。我也认识我的曾祖母，她叫 Charlie—Bell Murray，但是我叫她 Nannie。她是一位非常令人着迷的女士。关于她，我印象最深刻的一件事就是盼望着和她一起滑雪橇车。她一直是我的玩伴，我们在一起很开心。

在 Fort Myers 长大真的太开心了。我很喜欢在那里的生活。在那里，我有一大群朋友，我们常常一起打高尔夫，或者划船出去玩。

我的爸爸妈妈很了不起，姐姐也很棒。我的爸爸是 Globalnet Communications 公司的咨询师，我的妈妈是一名微生物学家。爸爸喜欢开着他 20 世纪 70 年代的庞蒂克 GTO 兜风，而妈妈则喜欢参加 USTA 4.5 的网球比赛，她的成绩不错哟！我的姐姐最近刚从 Stetson 毕业，她在那里打了两年垒球。她是在佛罗里达大学开始她的大学生涯的，在那里，她也参加垒球比赛，只不过大三的时候，她转到 Stetson 了。总之，我和她在一起的时候很愉快，我们最喜欢做的事情就是烤小虾和石斑鱼。

如果有什么问题，欢迎给我发邮件。谢谢你来浏览我的个人网站！

我的另一名学生 Agnes，也建立了自己的个人网站，网址是 www.dbindb.com/agnes/about.html。她讲述了自己在波兰成长过程中的辛酸经历。在她的妈妈——一名信心坚定的乳腺癌痊愈者的鼓舞下，她克服了重重困难，为实现梦想而努力奋斗。

网络档案让人们随时可以看到你的故事

和求职有关的最热门的话题之一就是招聘官或人力资源管理部门的工作人员是否会使用 Google 这样的工具去查询求职者在网上留下的信息。ExecuNet 开展的一项研究表明，80%的招聘人员会去网上查找有关候选者的信息，而 1/3 的招聘人员会根据网上查找的信息，排除相关候选人。

Quintessential Careers 的一名职业履历写手经过研究认为，10 年前，网络刚刚兴起的时候，求职者在网络上展现自己和公司在网络上展现自己一样重要。就像公司的网站一样，个人网站是求职者展示自己的第二个平台。它就像一份履历，但是比履历更好。它可以每时每刻地展现求职者的各种特长，提供各种丰富的信息，这是纸质履历所做不到的。

做一个个人网站，在上面建立自己的个人档案，确保雇主在输入一些你具备的技能、背景的关键词时，或者在网络上查找你的名字时，能通过搜索引擎找到你。

雇主在使用网络查找候选人时，可能会发现你的网络档案。或者，你也可以在主动打电话给雇主了解职位空缺或询问招聘广告时，让雇主浏览一下你的个人网站，这将使雇主在面试你之前或之后能对你有充分的了解。在网络上建立个人档案，会让雇主觉得你既有技术又能以开放的心态迎接变革，走在时代的前沿。

小贴士：为了提高网络档案被看到的可能性，购买一个包含你名字的域名（例如：maryhhansen. com）。这很重要，费用也不高。你可以在 godaddy. com 这样的网站上购买域名，一年的花费大约是 10 美元。

想想你打算在个人网站和网络档案里讲述什么样的故事。试着做下面的练习：想出三个主流趋势或主题，它们涉及你的整个职业生涯，并且决定着你目前的工作模式。例如，你从事的工作需要和人打交道，那么在你的职业档案中，要始终贯穿这一主题。

在网上公开发布职业档案，能让你把各种完善你的故事的线索和事项组合在一起，支持你在履历和求职信中对个人成就的阐述。例如，你可以在网络职业档案中发布你写过的文章、做过的图形设计、组织策划过的广告活动、拍摄过的照片、PPT、报告、图表、成就和奖励清单、行动纲要、案例研究、各种证明文件、项目成果，以及包括音频、视频在内的多媒体文件。雇主随时都可以查看这些信息。

要确保自己的个人网站和职业档案看起来很专业，避免披露和工作无关的信息。适当地展现你的个性可以引起雇主对你产生兴趣，而不合时宜的家庭照片或者黄色笑话也可能使他们对你产生不好的印象。这中间有一个需要准确把握的度。当然，网络职业档案中总会有一些元素是履历或求职信无法给予的。例如：使用比履历和求职信更加通俗的语言，还有上面所提到的有关求职者的一些照片，需要强调的是这些照片要能帮助雇主更好地了解求职者，提高求职的成功率。有了网络职业档案，雇主和求职者在面试之前就等同于开展了一次良好的沟通。

在个人品牌专业网站 Brandego（http：//brandego. com/samples. php），你可以查看一些职业档案的范例。这些范例不仅能告诉你如何正确地讲述故事，还会对第八章讲到的个人品牌塑造问题进行阐释。通过阅读第八章，你可以进一步了解如何利用网络来讲述你的个人品牌故事。

在面试时利用打印版职业档案讲述你的故事

在招聘面试时，你可以展示自己的打印版职业档案，来突出显示你在面试中讲到的某个重点，或者例证你的专业技能和经验。在面试刚开始时展示自己的一部分职业档案很重要，尤其是在回答面试官“介绍一下你自己吧”这样的问题时。

例如：

面试官：介绍一下你自己吧。

Keith：高中毕业后，我进入本地的社区学院学习。大约1年后，我开始厌烦这种生活，我觉得很孤单，因为我所有的朋友都搬离了这个社区。我意识到我越来越焦虑，无法将注意力集中在功课上。我想，是时候改变一下自己了。于是，我退了所有的课程，把所有的衣服送给了我的朋友或卖给了本地的二手店。（打开他的职业档案，向面试官展示几张色彩鲜艳的旅行照片）我买了一张去往香港的单程机票，并把这个消息告诉了父母。如我所料，他们惊呆了。两周后，我已经在前往香港的路上了。我没有什么计划，也没带什么行李，只有一个上学时常用的旅行包。（指着几张照片向面试官说明他的冒险）我在东南亚旅行了9个月，经历了一次又一次的冒险——我曾在喜马拉雅山脉跋涉，也曾在一部泰国情景喜剧电影里当过路人甲（指着照片说明这段特殊的经历）。我在18岁时，就比其他人一生的经历还丰富得多。回头想想那段经历，我都不敢相信我居然一步一步地熬过来了。我相信一旦下定决心，我能够完成任何我想做的事情，我也会毫不犹豫地离开我的舒适区。

面试官：你擅长团队协作吗？

Lani：关于这个问题，来看一下我职业档案里的一些材料吧。我是亚利桑那州狼疮控制项目的协调员，在这之前，亚利桑那州从未为狼疮这个病种投过钱。我组建了一个25人的咨询委员会来撰写亚利桑那州的狼疮控制计划，州政府提供了6万元的资助用于支付我的工资和咨询委员会的费用。我的愿景是组织若干专家，将东西部药物整合到一起，来帮助亚利桑那州的狼疮患者得到可靠的治疗。（翻开职业档案里的若干照片，照片上是几个团队成员共同工作的场景）我招募、面试以及邀请了一些内科医生、美国本土的狼疮治疗者、脊椎推拿治疗者、能量治疗师、整形外科医师、军方药师主管、参议员、私人研究机构工作人员、教授，力促他们共同携手，通过将药物和治疗结合的途径，推进亚利桑那州狼疮患者的治疗工作（展示亚利桑那州狼疮控制项目方案的照片）。我领导了整个方案的起草工作，并将方案提交给立法机构和国会。一些美国议员对此方案进行了书面表扬（展示表扬信的照片）。

在回答一些特殊问题的时候，可以通过职业档案来强化答案的效果；或者在解释和工作有关的情况的时候，可以用职业档案中的材料来充当例证支持。Quintssential Career 的一位专业研究人员说，职业档案的用处不只是在面试中重点突出某个问题的举例。他认为，求职者在面试中也要考虑如何运用职业档案中的个人情况来说明问题，而不仅仅是把职业档案当作一个整体来引用。他觉得在面试中，职业档案可以扮演“诱饵”的角色。一旦求职者展示了职业档案的一部分，那么面试官就会想：他的职业档案中还有些什么内容呢？接下来，面试官必然会对这名求职者的职业档案进行更深入的了解。

在招聘面试中，求职者也可以通过职业档案展现自己的工作细节，让面试官对自己有更深入的了解。例如，在招聘面试的过程中，可以通过这样的方式来引入职业档案：“我注意到，刚才的面试过程没有讨论招聘广告上所提到的项目管理技能。您愿意看一下我管理过的最大的项目吗?”如果面试官的答案是肯定的，求职者就可以一边展示职业档案中的相关材料，一边讲述自己的项目管理故事了。

把面试问题和职业档案联系起来

在回答面试官的问题时，要积极地展现职业档案中的材料。接下来的这部分内容讲的是，如何使用职业档案来加强面试问题的回答效果。可以这么说：“请您看一下我的职业档案，它正好能回答您刚才提到的问题。”要注意把握时间的问题，毕竟面试的时间都是很有限的，因此，要把职业档案用在能最好地展现你，和招聘公司所需的技能最相关的地方。

有关教育的问题

在回答这类问题时，讲述并展示那些你切切实实做过的学校项目的例子，还有其他能证明你学业成功的材料，如成绩单、获奖证书、课外活动证明等。

- 你的大学经历如何帮助你胜任该职业?
- 你的学术课程对你从事的工作有什么帮助?
- 上大学时，你最喜欢哪些课程或项目？为什么?

- 你是非常喜欢独立进行研究的学生吗？
- 描述一下，哪类教授给过你最好的学习体验。
- 你认为你的学分反映了你的学习成绩吗？
- 请举例说明，你如何将一门课的课堂知识举一反三地用于其他课程的项目中。
- 你认为在学校中，成功的标准是什么？为了达到你的标准，你做过什么？

有关职业选择的问题

在回答这类问题时，讲述并展示你对本职业产生兴趣的起因，可能由于某项课程、某个组织、某个项目，或者某个人。

- 是什么影响你选择这个职业的？
- 为什么你想寻求一个本领域的职位？

有关目标的问题

在回答这类问题时，讲述并展示那些实现你的职业目标最根本的技能和成就。

- 你怎样才能完成职业目标？你采取了哪些具体的行动？
- 讲一讲你完成最近一次职业目标的情况。
- 请举例说明你在过去设定的某个重要的职业目标，以及你是如何成功达成这个目标的。

有关技能的问题

以下问题涵盖了在面试时可能被问到的最重要的技能类问题。

一般技能

在回答这类问题时，讲述并展示那些对你取得职业成功至关重要的技能和成就。如：

- 你认为要在这个职业中获得成功，需要具备什么技能？

团队合作技能

在回答这类问题时，讲述并展示你已经成功完成的集体项目。

- 你如何看待自己在团队作战时能发挥的作用？

问题解决技能

在回答这类问题时，讲述并展示那些你已成功解决的难题。

- 请阐述一下你最近解决过的一个难题。你成功地解决了这个难题了吗?
- 请举例说明在解决难题时，你所做出的正确判断和使用的合理逻辑。
- 请描述一下，当你遇到问题或压力时，你是如何处理的。
- 在确定问题解决方案之前，你会采用哪些步骤来对问题进行调研?
- 有时出现问题了可以亡羊补牢。请举例说明你这样的经历。
- 请举一个例子说明你是如何为你的雇主或老师解决问题的。你是如何解决这个问题的? 其他人在这个过程中发挥了什么样的作用? 最后的结果如何?

多重任务处理技能

在回答这类问题时，讲述并展示 2～3 个不同的事例，来证明你的适应能力和处理多重任务的能力。

- 请举例说明你是如何处理与各类人相处，如何适应各种情况和环境的。
- 请举例说明你是如何适应自己无法控制的变化的。这种变化对你产生了怎样的影响?
- 请描述一下需要你同时处理多项事务的情境。你如何是处理的? 结果如何?
- 请举例说明你需要处理多重任务的一个时段。你是如何组织这些任务的?
- 请描述一下你用来跟踪多项任务的一个系统。你是如何控制整个过程使每项任务都按期完成的? 你怎样保持注意力集中?

决策技能

在回答这类问题时，讲述并展示能证明你拥有决策能力的事件。

- 请举例说明需要你进行快速决策的情况。
- 请举例说明你做出重大决策的情形。你是怎样做出决定的? 这个决定对现在的你产生了什么样的影响?
- 请举例说明需要你做决策但是你却没有任何信息的情况。

沟通技能

在回答这类问题时，讲述并展示一个附带书面沟通材料的项目范例。

- 请举例说明需要你使用书面沟通能力应对重要节点的例子。

演讲技能

在回答这类问题时，讲述并展示你的演讲，必要的话使用你制作的幻灯片、视频及照片等辅助材料。

- 请给我们讲述一下你的演讲经历。你最成功的演讲是什么?

• 请阐述一下你所做过的最重要的或者最具创意的演讲。

项目管理技能

在回答这类问题时，讲述并展示项目的成果、时间表、照片、主管的赞赏以及所获的奖项。

• 回想一下，当你被安排做一个你当时认为很复杂的项目时，你采取了怎样的步骤去为项目做准备并完成项目？你对项目的结果满意吗？如果再给你一次机会，你会对哪个步骤进行改进？

• 你遇到的最复杂的项目是什么？你在这个项目中的责任是什么？

• 请举例说明经过你的努力顺利完成的项目或者顺利落实的创意（并不一定是你自己的创意）。

创造技能

在回答这类问题时，讲述并展示那些能说明你具备创造力的事件。

• 你曾经找到过更快、更有效、更好地完成学业或者工作任务的捷径吗？

• 请举例说明你曾经激发他人工作或学习热情的经历。

• 请举例说明你如何说服别人采取行动。你成功地达到目标了吗？

• 请举例说明你曾说服老师或主管接受你的想法或者概念的经历。整个事件过程如何？结果如何？

• 请举例说明你创造性地解决你的公司、学校或机构所面临问题的情况。你们所遇到的挑战是什么？其他人在解决问题的过程中承担着什么责任？

关于成就的问题

在回答这类问题时，要通过你的职业档案，向面试官讲述并展示一个能证明你取得成功的故事。

• 你是怎样定义或评价成功的？请举例说明你的成就。

• 你最大的成功是什么？

• 在过去的工作中，你对公司创造的最大贡献是什么？

关于资质和性格的问题

在回答这类问题时，讲述并展示职业档案中那些能证明你胜任求职目标的资质和个人特点的范例。

• 你具备你的职业路径所需要的资质和特点吗？

• 你认为你所具备的资质和特点中，哪些对你的职业成功起到最大的作用？

关于为何雇用你的问题

在回答这类问题时，讲述并展示那些能展示你最佳卖点的范例，要说明雇主为什么应该舍弃他人而聘用你。

- 为了雇用和培训你，我们公司会投入一些成本。告诉我们一个雇用你的理由。

关于你对公司熟悉程度的问题

在回答这类问题时，要告诉面试官你为了解这家公司做了怎样的调研。很显然，不同的公司需要不同的职业档案相关材料。如果你能很好地回答这个问题，说明你事先做足了准备工作。如果面试官问你对公司的发展有什么建议，你可以将你在准备材料过程中的一些心得与面试官分享。

- 请告诉我你怎样看待我们公司。
- 为什么你要来应聘我们公司？
- 你对我们公司有什么建议吗？

关于付出额外努力的问题

在回答这类问题时，讲述并展示那些证明你付出额外努力的例子。

- 请举一个为了完成工作任务，你需要突破自己职责范围的例子。

小结

从很多层面上看，职业档案都是帮助求职者讲述故事的工具。制作职业档案的过程会帮助你改进并完善自己的故事，职业档案中的丰富材料会通过各个角度的例证提高你在面试中讲故事的效果。与网络版的履历相比，网络版的职业档案能使你更全面地讲述自己的故事，促使雇主对你产生兴趣，从而邀请你参加面试。

（Randall S. Hansen 博士对本章的撰写有所贡献）

第七章 在面试中讲故事

在面试中讲故事和在履历、求职信、职业档案中讲故事，或者熟人推荐时讲故事不一样，有时候需要用一些众所周知的自我吹捧的技巧。职业作家 Frank Traditi 在“为什么讲个好故事能够找到好工作”一文中介绍如何通过成功地讲故事克服在面试中遇到的一些难题。

在为撰写本书而进行的心理访谈小组研究的过程中，研究人员请访谈对象对一些讲故事的求职者在面试中的表现和一些不讲故事的求职者在面试中的表现进行比较，访谈对象都认为讲故事的求职者表现更好。他们认为原因主要是：

• 在讲故事的过程中面试官了解到更多关于求职者的信息。

• 通过讲故事，求职者将自己的个人风格融入工作中。

• 面试官对讲故事的求职者印象更深刻，因为听了求职者的故事，面试官想更进一步了解求职者。

• 讲故事的求职者和不讲故事的求职者完全不一样。因为讲故事的求职者通过故事使得自己的形象更加富有色彩。通过讲故事，求职者让雇主看到他们最愿意看到的那些品质——值得信赖、忠诚、善于合作、富有创造力。

• 通过讲故事，求职者让面试官了解自己是如何承担责任，处理问题的。

• 在面试中不讲故事的人，虽然显得简洁明了，但是不会给面试官留下深刻的印象，无法让面试官知道自己对于这个组织的价值何在，以及自己在处理日常工作中所能展现的个人风格。

需要注意的是，尽管访谈对象都倾向于讲故事的这种方式，但是他们也希望求职者在讲故事的时候要简洁明了，不要啰唆。面试官希望了解细节，但是并非事无巨细都要知道。一名访谈对象说：“尽管求职者都不想在面试中漏说任何内容，但是还是要针对雇主关注的点来讲故事。”

在行为面试中讲故事

职业专家通常会建议求职者在行为面试中讲故事。Carole Martin 在 *Boost Your Interview I.Q.* 一书中说："通过讲故事能够完全展现你的形象。故事越有趣、越针对雇主的关注点，雇主就越想对求职者做进一步了解。"

那么，什么是行为面试呢？行为面试这一招聘方式是由 20 世纪 70 年代的工业心理学家开发出来的。它是以面试者行为为主要内容的面试，通过这种方式，雇主淘汰掉多名候选人。行为面试的前提是通过求职者在某种情形下的既有行为能够预见他们未来在相同情境下的行为。Schmidt 和 Conaway 在他们的 *Results－Oriented Interviewing：Principles，Practices，and Procedures* 一书中写道：事实上，行为面试的准确率是传统面试的 7 倍。

业界普遍认为，与其他面试方式相比，行为面试能够向雇主展现针对性更强的事实，帮助雇主做出更加准确的雇佣决定。传统的面试中，面试官问的问题往往是一般性的，如"为什么我们要雇用你"。而行为面试则会提及更加探究性的问题，它们发挥作用的方式完全不同。

在传统的面试过程中，求职者可以讲述面试官渴望听到的那些内容，即便捏造一些事实也不会被看穿。即便面试官问的是"你如何应付 XYZ 这种情形"这样的情境性的问题时，求职者做假的可能性也很大。毕竟，面试官是无法知道求职者在实际处于某种情况下的真实反应的。然而，在行为面试中，求职者的做假难度就很大了。面试官会深度探究一系列问题，如"你在那个节点是怎么想的?""请详细讲一下你和那个人会谈的情况。""另一个人是谁?""带我们走一遍你的决策流程。"如果你在面试中讲了假故事，那么很可能会在面试官一步步的追问中露出破绽。

雇主通过行为面试评估候选人的经历和行为，以确认候选人是否具备成功的潜质。面试官通过面试考查候选人和职业相关的经历、行为、知识、技能和能力，并根据本企业的实际需求，针对其中一些点设计问题深入了解，以确定候选人是否具备企业所需要的特质。行为面试中的问题往往不是以结构化的问题形式出现的，常见的问题有"请给我们讲一讲……"或者"请描述一下……"。很明显，要回答这些问题最好采取讲故事的方式。

2003 年，在 *Business Communication Quarterly* 上，学者 Ralston，Kirkwood

和 Burant 发表文章声称："研究表明，行为描述问题需要求职者通过讲故事来回答，而如今讲故事的能力对于求职者的求职结果很重要。"他们的这一判断来源于其他学者对行为面试中讲故事的情况的研究结果。他们认为，求职者在面试中讲故事可以吸引面试官的注意力，使面试官对求职者的印象更加深刻，并能以动人的方式展现求职者的经历。

回到字母组合：运用讲故事的公式

职业专家经常建议求职者根据讲故事的公式来构造他们的故事，就像在第二章介绍故事构建方案一样，我们把这些标准化的结构用字母缩写一一列出。下面是常见的讲故事的模板。

CAR：**挑战、行为、结果**

挑战：我在最近一次担任领导的过程中，遇到了收货流程故障。为了办理中等规模船货的验收工作，需要 5 名装卸和收货人员工作两天的时间。我很快意识到，马上就到假期了，那时候我们的收货量将是平常的两倍，必须要更改收货流程。

行为：我标记了所有的货仓并且对它们进行了清理。我和仓储部门的经理一起对货物进行了分类、整理，并为每一个货位贴了标签。我按照货物把货位进行分类。这样的话，当我们从卡车上卸下货物时，根据货物的品种，我们可以很快知道把它放在哪一行。每一行货位都有专人管理，并且还有专人负责把货箱推送到指定的货位。

结果：从卡车在船坞接到货物时间算起，我们的收货时间从两三天缩短到 6 个小时。

CCAR：**背景、挑战、行为、结果**（Kathryn Troutman **定义**）

背景：卡特琳娜飓风过后，我们公司的收入一直在下滑。

挑战：我的下属都是靠佣金为生的，有了收入才能有提成，然后才能有他们的工资。我们的印刷公司本身运行正常，但是邮局无力处理大宗邮件，而报纸主要是在每周三通过邮局分销出去，在周末分发到各家商店的。但是那段时间，这些业务都没有了。

行为：我向出版社建议，由我们公司的员工负责每周三的报纸分发工作。我们一起努力想出吸引广告商的点子。例如，给那些在我们的服务板块上刊登广告的屋顶修理工、木工和草坪保养公司一些广告折扣。

结果：公司又开始盈利了，我的下属也拿到了工资。

PAR：问题、行为、结果

问题：我为大学招生办制定的营销计划中，包括在全国性的纸媒刊登广告，但是我们缺少相关资金。

行为：我知道我公司的一名合伙人想推广他的多元化创意。因此我建议他，我们做一个平面招聘广告，在广告的信息中，插入大学招生的信息。

结果：我们最后确定的广告方案是大学招生和招聘多元化双面出击。通过这次广告，向大学咨询招生信息的人数有所增长，我们公司也雇用到了多元化的雇员。这一项目甚至激发了新的校园广告效应。

PRALA：问题、行为、结果、学习、应用（Donald Asher 定义）

问题：在我作为和平部队的志愿者，在危地马拉执行任务时，一切进展地都不是那么顺利：连续三周停水断电；需要按时到达医疗中心，却只能步行或骑驴，中途还需要划独木舟；给孩子称重只能用称鱼用的秤，称完后把秤挂在屋顶上，茅草屋顶居然坍陷了；在危地马拉的乡下组织研讨会时，只有一名护士到场，而且还匆忙离场了！

行为：我调整了我的态度。我学会适应那些我原本不习惯的环境。我下定决心，努力适应危地马拉的真实生活状况，服务当地的贫苦人。

结果：尽管经历了种种艰辛，我开始能实实在在做出一些事情了。例如，和我们的团队一起努力，让当地更多的儿童注射了疫苗以预防疾病。之后每次组织会议时，我会提前和当地人进行充分的沟通以确保一定的出席率。

学习：我认识到，有时候希望越高失望越大，我需要根据现实情况来调整预期。我把这一原则贯穿于自己的整个生活中，尤其是在失明的那段时间，我理会到了那条神圣的原则：凡事皆有因，生活中遇到的99%的事情都是为了让你学习。

应用：现在，当我组织专业人员会议时，有些人会出席，有些人则不会出席。我不再为有人缺席而感到难过，因为那些出席会议的人给了我信心，促进了我更好地学习和成长。

SAR：情境、行为、结果

情境：最近我的公司人员流动性过高，尤其是我所在的技术部门，因为员工在组织里得不到成长。员工没有明确的职业发展路径。为了解决这个问题，我不仅要进行定级工作，还要确定和划分员工的成长需求，而且处理该任务的时间很紧。

行为：我知道完成团队的任务需要花很多时间，但是我为每一项工作设定了一个截止日期。我通过邮件向每位团队成员发送成长需求调研表，并将范围扩展到公司所有员工，以此来确定全面的成长需求。我把调研得到的数据汇总起来，确定了可以实现的长期和短期目标。在我们所做的大项目下，我分设了一个子项目，还设计了一个系统，通过这个系统，团队中的每个人都能看到其他人的工作内容和任务完成情况。通过调研，我最大的发现就是对团队成员来说，目前的工作缺乏挑战。于是我决定推行一个领导力项目，根据每个人的工作表现、同事评价和本人资质，评定了适合开展该项目的10％～25％的优秀员工。同时根据评定结果，为每个得分区的员工分配任务，并设定15天的完成时间。

结果：项目如期完成。一个月后，我们也争取到了培训经费，选定了试训人选，选定了培训地点和培训师。在有效的领导下，我们的第一次培训开展得十分顺利。季度末的调查显示，我的团队成员工作积极性都很高，乐于接受各种挑战。同时，人员流动率也降低了一半。

SCARQ：情境、挑战、行为、结果、数据（Steve Gallison 定义）

情境：我新换了一家商店，并担任店长。

挑战：我所在的分店和社区没有什么互动，也不给社区任何支持。这使得分店在总公司的形象很差，因为总公司一直强调回馈社区。

行为：我把员工组织在一起开会，让他们突破思维局限，想一想如何能为社区提供帮助。在我的领导下，我们最终决定募集资金为社区购买高科技的防火头盔，消防员戴上后能够透过烟雾看东西。

结果：我们募集到了足够的资金，获得了来自社区的广泛好评。

数据：我们筹到了10 000美元，这在所有分店里是史无前例的。

SHARE：情境、障碍、行为、结果、评价（Fred Coon 定义）

情境：一家大型自行车公司正在努力和国家自行车运动组织合作，以设计并建立一个由 25 个部分组成的自行车道标志。

障碍：因为没有人知道具体如何启动，项目一拖就是 3 年。

行为：我一加入该项目的监管委员会，就为该项目带来了新的想法。我研究了其他社区的标志，也与标志的制造商进行了沟通。不仅确认了合理的制作价格区间，还建议制造商将可能损坏标志牌的恶劣天气和人为涂鸦的情况纳入设计考虑的因素。

结果：在我加入委员会后 6 个月，该项目就完成了。

评估：我经常会在路上看到那些标志，这令我很愉快。它证明了我拥有敏锐的洞察力和具体落实的行动力。

SIA：情境、影响、分析

情境：在我还没从事上一份工作的时候，我所在的城市要为保险公司支付一部分溢价，以确保保险公司能够盈利。我刚刚上任，就争取并要求对保险公司申报溢价支付的相关数据进行资格审计。

影响：这一行为立竿见影，很快就为市政府节约了千百万美元。市长和市议会都对我大加赞赏。我还发现，其他的成本控制战略从来没有被纳入保险公司的福利计划，这使得市财政成为实际上的主要保险商。我制定政策解决了这一问题，极大地节约了财政资金。

分析：严格控制了成本后，我就可以集中财力解决市政府雇员福利不足的问题。

SMART：情境、行为、结果、副产品（Susan Britton Whitcomb 定义）

在我开始担任医疗保险理赔的数据录入审查员时，公司对我的业绩评估主要在两个方面：产量和质量。我的工作产量非常高，录入数量超出预期水平，能达到平均数量的 180%。然而，我的产品质量却不如人意，击键差错率总是在正常水平的 98.5%以下。我对这一点很不满意。

行为：我开始学习更巧妙地完成工作的方法。我学会了快速复制和粘贴，为重复击键设置了宏和热键，并且在录入类似字母和数字组合这样的复杂数据时，学会了放慢速度。

结果：我和经理都发现，我的工作质量稳步提高，很快实现了月月零差错。

副产品（Susan Britton Whitcomb 认为，副产品指的是和雇员希望具备的关键技能相关的工作主题或模式，也包括沟通热情和工作知识）：这一结果让我明白了一个职业道理，那就是我再也不用忍受差强人意的工作表现了，因为我知道我总会找到办法不断提高。

SOAR：情境、障碍、行为、结果

情境：有次我接到一名患者的电话。他得了脑癌，需要接受十分昂贵且难度很大的治疗。除此之外，他的医疗保险在支付账单方面有各种各样的问题。他逐一尝试各种药物，希望能找到对症良药，但是很可惜，他的运气并不好。

障碍：我给几个药房打了电话，找到了一种可能有效的药。但是，卫星连接出了故障，药房无法在患者的保险公司开具票据，因此药房不能给患者开药。通常情况下，每个药房都会有专门的护士每天 24 小时，每周 7 天处理这些紧急事件。但是，我知道任何一家保险公司的护士见不到付款凭证是不能给患者报销药费的。而且，当时并没有专门为贫穷病人提供的应急机制。

行为：我费了很大劲，终于找到一家药品供应商，他答应通过一名私人货运公司连夜将药送来。我把我的移动电话号码告诉患者，告诉他如果 24 小时内没收到药，就给我打电话。

结果：一周之后，患者的妈妈给我打来电话，感谢我为他的儿子找到了治疗脑癌的药。

STAR：情境、任务、行为、结果

情境：我们公司签下了一份大的承包合同，我们需要派遣 2 600 名职员到这家总公司的子公司工作。

任务：这家新成立的子公司需要我们为他们设计一整套人力资源管理系统。

行为：我把工作流程的每个环节确定下来，然后设计了一个内部资源网站，其中储存了大量的文本和视频材料，通过它们体现出工作流程中每个环节的具体内容。以这个网站的内容为基础，我对要派遣进入这家子公司的人力资源管理团队进行了全面的培训。

结果：在培训结束后，这个网站作为辅助工具，在这家子公司正式运作的很长

一段时间内，发挥了很大的作用。人力资源管理人员也将工作流程电子文档化，将其作为工作的依据。公司的审计人员对我们具体做了哪些工作，进展到了哪个流程一目了然。

传统的故事模板

学者 Sandra Morgan 和 Robert Dennehy 认为，在面试中，还有其他的讲故事的方式，也就是他们所认为的“在讲述神话、英雄故事、童话、民间故事、家庭故事时，通用的传统步骤”。他们认为，好故事需要以下五个连续的元素：

- 背景
- 矛盾逐步形成（问题即将显现）
- 危机或高潮
- 学习
- 新的行为或意识，换言之“你从中学到了什么？做出了怎样的改变？”

例如：

背景：我的一名顾客想涉足数字印刷业务，因为我们公司有这样的技术和能力，因此我召集了一次会议，专门讨论这个问题。

矛盾逐步形成：我汇总了我们内部网站上所有的销售报表，收集了一些案例，做了充分的准备。按照计划，我给负责数字印刷业务的销售副总裁打了电话，向他汇报我组织了一场讨论数字产品的会议。

危机或高潮：我不知道这名顾客早就急于推行这项技术了。我通知他来参加会议的当天早晨，他刚给自己的客户打了电话，布置了项目并设定了实施时间。我一走进会议室，顾客就开始向我提各种问题，我知道我需要帮助。

学习：我向前来参会的人员说明，我这里有很多问题，需要正确的答案，询问大家是否介意部门副总裁的介入。几分钟后，我联系上了副总裁，我们立刻把相关的人员和资源调动起来，开始解决顾客提出的问题。

新的行为或意识：目前，为这位客户提供数字印刷程序已经是我们的常规业务，2008 年由此产生的收入是 10 万美元，2009 年是 20 万美元。我不断地加强对这种意外事件的重视，也知道当我的知识不足以解决问题时，可以寻求其他的资源。

不要只关注故事，要注意讲述故事的方式

随着讲故事逐渐成为回答行为相关问题的好方法，一项学术研究（Ralston，Kirkwood 和 Burant；2003）致力于探究如何衡量和提高在面试中所讲故事的水平。这名学者认为，依据以下标准可以评价面试中所讲故事的水平：

• 内部连贯性。这个故事能够自圆其说吗？其中是不是有不连贯或者脱节的地方？讲述的内容能够突出求职者想要突出的技能、能力和价值吗？

• 与听故事的人所掌握的现实逻辑一致。求职者讲的故事与面试官可能的经历和了解的情景一致吗？故事符合常理，听起来可信吗？

• 与面试官的问题和主张相关。从根本上来说，求职者讲的故事回答了面试官提出的问题了吗？它是不是为求职者声称自己具备的技能、能力、知识和特点提供了佐证？

• 主题明确。求职者讲的故事内容清晰吗？它会把听众导向唯一的结论或理解吗？

• 注重细节。求职者讲的故事内容丰富吗？用 Ralston，Kirtwook 和 Burant 的话来说，是不是包含了能够证明求职者力求证明的观点的情节、特征和行为？

• 反映了求职者的价值观、信仰、自我评价。求职者讲故事的时候是否充满了感情？表达了自己的真实感受？是否能证明自己十分契合该公司的要求？

面试专家 Carole Martin 认为，在求职面试中讲故事的一个常见误区就是对行为的描述事无巨细。故事的细节应当是展示自己促成结果的技能。Martin 建议，在讲故事的时候，把 60％的内容放在行为部分，情境和结果部分分别用 20％的内容来展示。

回答传统面试题目的故事

在行为面试中，讲故事可以回答很多和行为相关的问题。同时，讲故事还可以回答很多其他类型的面试问题。其中的一个问题就是本书的书名——介绍一下你自己。职业专家 Shelly Goldman 和 Wendy Enelow 认为这个问题非常重要，不仅因为“它能让求职者掌握整个面试过程”，还因为“它是一个赢得面试官好感的有力

工具”。

个性化的方法

Goldman 和 Enelow 在对 66 名人力资源总管、招聘官、招聘经理和职业专家采访后，撰写了 *Insider's Guide to Finding a Job* 一书。他们发现，招聘负责人在筛选求职者时，常常希望对求职者的个人信息有所了解。接下来，你将看到一些回答“介绍一下你自己”这个问题的个性化的故事范例。

我来自一个小城镇的大家庭，正是这个家庭塑造了我。在我们那个地方，我们 Ellises 家族有 80 多个人。所以在我成长的过程中，总有人拿我和这个亲戚或那个亲戚做比较。上高中时，我开始踢足球，有人对我说我的堂兄弟 Brad 和 Lance 踢得很好，因此我更加勤奋地练习踢球。在课堂上，我的堂兄 Angie 则是我学习的榜样。即使在前几年，我想从事政治服务工作，决心也始于“你是 Ellises 家族真正的成员吗?”这一问题。在这样一个大家庭的影响下长大并不是件坏事。在每一件事情上，我都可以得到来自家族的支持。如果没有家族的支持，有些门永远不会为我打开。为了追赶长辈们，我一直很勤奋，并得到了很多奖项。高中的时候，由于我在足球、跑步、径赛、举重和摔跤中的杰出表现，我获得了一个最佳运动员的荣誉奖项。获奖当时，我们家族的所有人都在场。但是由于膝盖手术，我失去了进入我梦寐以求的大学的机会。这时，家乡的大学为我提供了全额奖学金的入学机会，我赶快抓住了这个机会。当我成为 Ellises 家族第一个获得大学学位的成员时，赶来祝福的亲属络绎不绝。

我充满热情，富有创造力，乐于助人，解决过很多问题。我成功地完成了很多集体项目，我非常喜欢作为团队的一员配合团队完成任务。我相信，工作是充满乐趣和挑战的，也是一件严肃的事情。我是美国营销协会的一名成员，这是我积极参与营销社区活动的证明。我的工作同时也是我的爱好。

生活中遇到的很多人和经历过的很多事情把我塑造成了这样的人。我很感激我的家人和朋友，因为他们给我提供了很多机会。我也很幸运曾在国外生活过一段时间，它使我用全新的视角去看待他人和文化。在人生路上，古典音乐永远让我维持稳定的情绪。了解古典作曲家和音乐家所经历的动荡生活，倾听他们在音乐中表达的深刻情感和多样的音乐表现方式让我成为了一名细致耐心、心胸开阔、好奇和乐观的人。

我生于印度，也长于印度，我有一个充满爱的家。5年前我移居到美国，一个月之后，开始在美国读高中。所有的一切都让我觉得很新鲜，每一件事情都震撼到我的内心，因为这是一个有着完全不同文化的环境。学校、同学、语言对我来说都是那么陌生，有一段时间我非常消极、悲观。第一个学期，我难以达到学校要求的学业标准，但是我并没有气馁，我主动寻求大家的帮助，不断刻苦学习。这段经历告诉我，要努力成为对别人有用的人，要持之以恒。

曾经我一直想做一名电影演员。但是随着志向的改变，我的职业目标也发生了变化。现在，我想做制片人。我认识到我的技能非常适合于从事幕后工作，我对于来自不同背景的各种各样的人有自己的了解，我能够把他们组织在一起齐心协力地做事。我对自己充满信心，这是我在娱乐行业成功的保障。

是非问题

用讲故事的方式来回答是非问题是再合适不过的了。当面试官问候选人是非问题的时候，并不希望候选人仅仅回答“是”或“否”。他们希望候选人详细地解释为什么是“是”或者为什么是“否”。接下来是一些范例：

你擅长处理矛盾冲突吗？

是的。我对人力资源管理工作充满了热情，我认为它是一个公司能否成功的关键。因此，我希望别人也能像我一样对工作尽心尽力。在我的职业生涯早期，在确保各部门遵守法律法规和公司相关政策的时候，我会特别苛刻。但是后来我了解到，学会站在别人的角度看待问题，并且据此来采取合适的工作方式，很重要。为了提高这种能力，我还参加了专门的矛盾处理培训班。

你善于团队作战吗？

绝对善于。原先我有一个主管，她不会使用电脑软件，但是很擅长信息录入。我们的电脑是很旧的一款，用起来很不顺手，说不好什么时候一项失误的操作就能让电脑死机。我的录入水平一般，但在计算机软件操作方面很娴熟。更重要的是，我能很快搞清楚如何使用旧的计算机软件，并解决计算机出现的问题。我和这名上司需要完成一份宣传材料、几份报告以及预算申请材料。她相信我能用好那台旧的计算机，能耐着性子让我慢慢地录入。但是如果时间紧迫，她会毫不犹豫地帮我录入材料。作为回报，我充分发挥我的销售特长，说服了若干资助人，使得我们无声拍卖的成交额提高了35%，同时也提高了我们的拍卖利润。结果，她放手让我独立组织一个小型的筹款会，并把我的成绩汇报给了董事会。

你善于处理压力吗？

是的。比如说，丽塔飓风过后，我们公司的通信系统瘫痪了。当时，我必须依靠自己在没有上司和总部帮助的情况下迅速有效地解决问题。我把需要解决的问题按照轻重缓急进行排序，并制定了一个不违反公司政策和流程事项的行动方案。所以，我有能力掌控局面，做一名出众的领导者。

是的。在我担任行政管理协调员的时候，需要处理很多危机情况，因为我负责的就是紧急事件处理。有一次，一位病房助理给我打电话，说她接到电话，听说有人自杀未遂。在当时生死攸关的情况下，我需要保持头脑清醒，快速整理做事头绪。我一一分配了需要做的各项事务。首先我安排那位病房助理拨打911，这样护理人员就可以进入被封锁的现场；同时我申请紧急救护，确保与自杀者同层的住院者都安然无恙。我还需要保护同层人员的隐私。我把各项任务分派给病房助理去完成，因为我分身乏术。当把自杀者送到医院时，我赶紧腾出手来写报告，以确保医院的员工、住院人员以及自杀未遂的病人进入“正常”的生活轨道。我知道，这种极端情况是不会发生在财务咨询业的，但是它足以展示，我是如何轻松应对巨大压力的。

你是一个目标明确的人吗？

是的。我是当地国际青年商会的会长，商会的宗旨是为社区提供服务。我在年初制定了新增50名签约会员的目标，年底我顺利完成了这个目标。我对此感到骄傲。

绝对是。我是一名销售经理。我近日的目标之一就是帮助一名表现不佳的刚入职6个月的新人提高工作水平，接近或超出业绩考核标准。在对他6个月的工作进行评估的过程中，我和他一起直面那些对他的反对声音，并且和他一起讨论如何提高销售业绩。我鼓励他有情况及时向我反馈，并且让他开动脑筋，主动寻找提高销售额的方法，比如：加大电话销售，管理好他负责的区域，以及满足他的培训需求。结果，在年末三个月中的两个月，他成功地完成了销售任务，第三个月离销售指标就差一点。对我来说，这是一个巨大的成就，因为作为一名经理人，帮助团队成员发展能力，实现他们的职业目标是我最主要的职责之一。

其他传统的问题

通过讲故事，可以很好地应对大部分传统的面试问题。例如：

你为什么要选择这个职业？

爸爸和我都很热爱音乐。在我很小的时候，有一次他带我去看一名很著名的古典吉他手的专场演出。一直到音乐会开始前，我都觉得古典音乐很无聊、很乏味，是属于我祖父母一代喜欢的音乐风格了。但是音乐会开始以后，吉他手融合了爵士乐，而他的古典音乐演绎手法非常精湛，这让我感到出乎意料的惊喜。正是这场音乐会让我下定决心学习音乐。上大学时，我最初读的是表演系，但是后来又转到营销系。我很热爱表演，但是我更愿意在更大的范围内推广音乐——希望更多的年轻人像我一样喜欢上音乐。

从很小的时候起，我就开始对公司的视觉表现元素非常感兴趣——商标设计、品牌、符号、包装等等。四年级时，一名专门设计商标的工作人士给我们班做了一场演讲，这场演讲给了我很大的启迪。我是一名有远大抱负的小艺术家，我十分热爱用渺小的形象来表现丰富的内容。

我在高中参加了一个名为DECA的俱乐部，正是在这里，我开始对营销和企业经营产生了兴趣。后来我成为了该俱乐部的副总裁，带领俱乐部在国际市场上参与竞争，这极大地充实了我的营销知识。在大学的时候，我曾做过一份兼职销售的工作。在这份工作中，我体验到了关系营销，并在迈阿密15个郊区里成功地推广了我的战略方案，提高了企业的收入。从那时起，我就开始致力于更好地了解营销，并学习如何更好地将新技术应用于特定行业。

第一次拿到爸爸的照相机时，我就知道，我想做一名摄影师。那时我只有 8 岁，照相机比我还要大。爸爸教会我如何使用它，我们带着它出去给我的马拍照。后来，我跟着爸爸去他的暗室冲洗照片。看到洗出来的照片，我知道我这辈子就想做这个了。

大二时，我开始学习信息系统的知识。正是在那时，我开始意识到，我的兴趣，也就是计算机，占了我大部分的业余时间。我最喜欢的课程就是 IT 课程。我还意识到，在开展计算机导向的研究性学习项目时，我非常开心，我希望我能在计算机领域施展才华。

你最自豪的成就是什么？

我曾被调配到一家银行的支行。这家支行的贷款业绩出了名的差。在我去这家支行的前 18 个月，它仅仅签出了 75 000 美元的贷款。我是贷款方面的专家。到支行的 6 个月后，我就成功地签出了 70 万美元的贷款。

我认为最幸运的是，我有着积极的人生态度。很长时间以来，我的人生目标就是鼓励 13～16 岁的少女认真思考，积极地评价自己，迈向充满光明的未来。通过协调我所参与的各个组织的资源，我获得了每年组织静思会、研讨会以及各种大型活动的途径。这些活动培养了我的能力，促使我后来成功地领导了妇女联谊会的项目。但是，受资金所限，我们一次静思会都组织不起来，难以达成目标。去年我改变了工作思路，在妇女联谊会内设立了委员会，成员是来自不同城市的女性，她们各自参加不同的组织。每名成员都承诺招募 5 名女孩来参加静思会。就这样，我们成功举办了第一届静思会。

去年，经过选拔我成为学校学生活动理事会的一员。这个组织与演艺人员协商签订合同，搭建音响设备，向学生推广艺人的表演，通常还要决定每场表演的节目单。刚开始的时候，我并不知道如何完成这么多的任务。但是我知道，我不想失败。4 个月后，我不仅成为了这个社团的网站管理员，为学校的宣传单供稿，还开创性地组织了“游戏之夜”的活动，这是学生之间的一种桌游竞赛活动。活动吸引来的观众数量之多，除了音乐会外无人可及。

给我们讲讲你犯过的错误。

我在电视台做助理制片人的时候，曾经策划过一个讲述与本地餐馆签了劳动合同的员工患有肝炎的故事。派记者去采访的时候就已经很晚了，而记者采集到信息后就更晚了。因此，当记者把所有信息都拼凑到一起时，播放的时间马上就到了。我不得不在播放过程中向他要说明材料。当我接通他的电话时，并不知道他在现场播报中打算说些什么。他匆忙上场，向我喊了两句话，我说“好的，好的”，而事实上，我没有听清他说的是什么。

结果，在演播现场，他竟然对观众说，如果谁觉得自己患有肝炎，请立即拨打911。最后，我为他的错误承担了责任。我明白当一个故事很重要的时候，是容不得你尝试的。要么播出，要么不播出，只有这两种选择。

我们为什么要雇用你？

我的职业发展道路证明，我可以在贵公司提供的职位上迅速创造效益。我是凭着我的智慧和勤劳白手起家的。大学毕业后我的第一份全职工作是一家大型保险公司的文案职员。从一开始，我就积极主动，力争上游。我从文案职员，干到理赔数据录入操作员、理赔审查员，然后是保险承销商，接着继续升到退休计划行政官和保险福利专员。在我离开这家公司之前，我干到了财务部副部长的职位，负责管理集团客户的保险福利和斯卡斯戴尔市的工人赔偿金。我不断地学习，不满足于课堂的知识，工作中的实际调研和经历也让我受益匪浅。总之，我能快速掌握新知识。如果雇用我的话，你们能节省一大笔培训费和雇佣费。因为我总是能主动地学习，即使投入个人资金和时间也在所不惜。

我拥有多方面的才能——销售、推广、营销和管理——这些对你们公司来说都很有价值。我还可以与各种各样的人融洽相处，与各类客户建立友好的关系。在管理营销团队的过程中，我注重细节，凡事力求最好，我是一个忠诚、值得信赖的人。如果你们公司雇用了我，你们将拥有一位称职的销售人员，我会在明年提高贵公司销售团队的人数和销售水平。现在，我想讲一件事情，来证明我绝对值得你们雇用。我曾在一家零售店的电子产品部担任销售助理，那段时间，店里电子产品的销售额在不断下滑。大家认为，我们的产品质量不如竞争对手的好。我提议通过激励店员来提高销售，于是我和经理一起补进了一些库存，这样就可以在店员之间进行一场销售竞赛。我把店里销售电子产品的数据搜集在一起，将此作为销售竞赛的依据。经理对这个主意很满意，他认为这样会使店员都积极工作。更让他满意的是，我制定了一个可以随时跟踪每名店员销售额的方案。结果，那个月我们部门的销售额提高了一倍，这简直是个奇迹。

在上学或工作期间，你个性上的弱点给你造成的最大困境是什么？

我最大的弱点就是不敢放权。在做助理经理的时候，我把大量的时间和精力放在应该由团队成员负责的小项目上。后来我发现，我的工作量比其他助理经理多得多，但是别人的工作成效却比我高很多。于是我开始重新评估我做的每一件事情。很快我就认识到，如果我把小项目分配给团队成员，在最开始的时候对他们提出明确的要求，并且随时跟踪项目进度，项目完全可以顺利地开展，而且我的管理效率也可以显著提高，我还可以把时间精力节省下来做更多重要的事情。

更多范例：典型的问题，用故事回答

这一部分包含了在行为面试和传统面试中会提出的典型问题，以及回答这些问题的故事范例。请注意，很多故事都包含了感情色彩，为的是吸引面试官的注意力，让他更好地了解面试者。

有毅力、目标明确、努力、有创意

请给我们举一个能证明你有毅力的故事。

我是 Big Brothers/ Big Sisters 项目的志愿者。在我见到我的第一个“小妹妹”之前，我充满期待，对即将面临的问题一无所知。Libby 是一名 10 岁的小女孩，正在上二年级，我要教会她阅读。初次见面的时候，她看上去很友好，但是很快我就发现，她其实很难对付。Libby 其实很讨厌阅读，并想尽一切办法逃避阅读。在第一次一对一的阅读辅导前，我要求她带上我们要阅读的课本一起阅读。但是我没有注意到 Libby 在戏弄我。直到第三个星期，我才明白过来，Libby 早就记住了我们要“阅读”的书的所有内容，我感到很惊讶。不过很快我就决定在下次的阅读辅导课上带自己的阅读课本来。一周接一周，我坚持每次和她见面时，都辅导她阅读，可是她却一次又一次地想办法逃避阅读。我会安排一个小时的阅读时间，这期间我们会阅读，也会花点时间做游戏。我决定不管这个狡猾的二年级孩子怎么想，我一定要教会她阅读。刚开始，我花了很长的时间和她玩游戏，让她寻找被我埋在沙堆中的玩具或者“丢失”的书包。然后，我再次拿起阅读课本，让她继续阅读。这一次，当她认真地一页一页地翻看课本时，她都对自己阅读时的专注感到惊讶。

我 14 岁的时候，头一次当向导，也是头一次在一家大牧场干活。我这一生都很喜欢马儿，觉得这是我最喜欢的职业了。刚开始在大牧场干活时，我就已经掌握了基本的骑术和驯马技巧。尽管这样，每天我还是全身心地投入学习，学习怎样做一名更好的骑手和驯马师。到 16 岁时，我已经在那家牧场工作了两个暑期，可以训练我平生拥有的第一匹马了。驯马非常困难，有时候也很危险。驯服这匹漂亮的 2 岁夸特马是我全部的责任。每天我的工作就是和她在一起，训练她如何散步、停止、走步、见终点线掉头。这个过程也挺闷的，因为这需要很长的时间和很大的耐心。进行了几周的基本训练后，我觉得时机成熟了，就给她戴上马鞍骑了上去。可是她猛然地弓背跃起，接着原地转圈，跳来跳去，想把我甩下。一天接一天，我只要一骑上去，她就会立刻弓背跃起，把我顶下去。而不管多疼，我都会爬起来，再次骑上去。她让我变得更有毅力和耐心，我也在这个过程中对自己有了更多的了解。足足花了 3 个月，我才把她驯成一匹可以乖乖让人骑的马，但我的身上却到处是擦伤、瘀青和疤痕，有几次我差点被摔死。尽管如此，这段经历彻底改变了我的人生。我将驯马过程中的那些心得体会应用在生活的方方面面。

请举一个你坚持自己原则的例子。

在我同时担任总编辑和记者时，我的手下有一名编辑想深度采访一个家庭。这家人有个女儿，不小心摔在冰上，因脑损伤而昏迷不醒。我和这名编辑的想法产生了冲突。我认为应该坚持职业操守，不去报道；而那位编辑则认为应当坚持职业嗅觉，如果报纸上出现这样的标题会很吸引眼球。而我最终说服了他，告诉他把聚光灯打在这么一个悲痛不堪的家庭上不是什么好事。采访完以后，我们一直没有报道，直到那个孩子恢复过来，没有大碍后，我们才把相关报道刊登出去。

请描述主要因为你的努力而顺利实施的项目或想法。

最近，我被选为基督教青年会的游泳队教练组长。一场游泳比赛已经迫在眉睫了，可是只有5个人报名，而且他们中没有一个人是游泳运动员。如果参赛人数不多，我们的资金就要被削减。因此我决定想办法吸引更多的人来参赛。我不仅亲自示范如何游泳，指出游泳者的技术错误，还联系本地的游泳队，邀请他们来参加比赛。我分别与家长和孩子面谈，想办法筹集支付T恤衫、女式游泳衣、泳镜、泳帽的费用。到了第三周，在我的努力下，又有15个人报名参赛，他们都推掉了其他事情的安排。到了比赛的时候，我亲自安排各个事项，订购缎带，以及招募志愿者。比赛结束时，我带领的队伍成绩超过了其他四队。家长们都很高兴，经董事会主席的认可，游泳队的可得利润涨了一大截。

请举一个你确定目标并顺利实现该目标的例子。

我认为新员工培训项目对于员工的成功乃至整个组织的成功至关重要。我的目标是在全公司推行新员工培训项目。因为我需要说服某些部门认可这个项目，所以我用了几年的时间才在公司全面推行新员工培训项目。为了达到这个目标，首先，我要和地区副总裁共同设计一个新员工培训讨论会；其次，为了便于管理，要为不同类别的新员工设计培训协议，每个部门经理对此都十分认可；再次，要设计一个为期6周的针对行政部门新职员的培训，并将这个模式推广到全公司。最终这个项目得到了大家的一致好评。每个部门的总管都对自己部门新员工的培训进行了细化，在新员工项目开展初期就与重点员工进行接触。我改进了新员工培训讨论会，让主管来对新员工进行培训，告诉他们公司的历史、宗旨、价值观，以及为社会提供的服务。从2008年到现在，我组织的新员工培训研讨会一直是公司里水平最高的研讨会。很多职能部门都为新员工培训项目提供了大量的支持。

我的一个长期目标是成为一名优秀的项目经理。因此我从最基层干起，了解了公司经营的全部细节，认识了每一名职员和经理。我志愿参加了一些改进现有工作流程、提高工作效率的项目。在这个过程中，我申请担任临时经理一职，并在后来成功转正了。在经理职位我干了四年，期间一直在不断地学习和改进业务流程。我取得了很多成绩，得到了公司的表扬，还获得了不少奖项。

我刚工作的前几年是在银行业，这段经历让我迅速了解如何管理银行。但是后来我认识到，我最愿意做的事情是提供金融服务，而不是整天处理存贷业务。从那时起，我便决定重返学校继续深造，以实现我的目标。

我在7岁的时候就梦想能进入现在这所大学。20年后，历经了许多波折，作为一名交换生，我在这所大学获得了艺术学学士学位。我永远不会忘记招生办公室的Ginger给我打来电话告诉我被录取的那一刻，我是多么开心。但是当时有一个问题，我丈夫是一名现役军人，我们需要想办法让美国军方同意我的丈夫从目前服役的地点转换到离我要读的大学较近的地方工作。我的丈夫申请去做征兵工作，后来他被派往我所在大学附近的地点就职，我们也随之搬到了这里。得到这样的结果可不容易。首先，我和学校附近的一名征兵中士面谈了一次。他说他可以帮助我们安置在这里，但是随后我知道，他对军官的安置没有决定权。这可难不倒我。我马上给负责整个地区征兵的军官写了一封信，请求他的帮助。几个星期过去了，我们没有收到任何回音。于是我又给负责全军征兵工作的上将写了一封信，然后还联系了我认识的一名国会议员，请他写信给部队帮我催促一下。他欣然同意了。大约一周后，他告诉我，我的信已经被顺利提交到五角大楼了，而且军方还给学校招生办的Ginger打电话了，说我当年秋季就能入学。这实在是太激动人心了！

大三那年的暑假，我搬到密西西比州墨西哥湾沿岸一带，和我的叔叔婶婶住在一起。我想摆脱乏味的日常生活，体验一下新的环境，赚些钱。我的叔叔是一名总承包商，为海湾地区的人们建造高级住宅。那个夏天，我在他的公司当了一个暑假的小工，那是我干过的最累的体力活，赚的钱也最少。打工当中我还遇到了一些很难相处的人，他们时不时都会说一些辱骂和贬损的话。但是，我在华氏104度、湿度90%的恶劣天气下熬过了那些日子。这段经历教会我很多东西。尽管工作很累，工作氛围让人很不愉快，我还是学会了要努力工作。我从来就没想过半途而废，逃回家去。尽管只要我想，随时走都可以。我坚持了下来，结交了一些朋友，赚了些钱，还顺利完成了自己之前所设定的目标。在密西西比度过的这个暑假让我变得更优秀了。

解决问题

请举一个你创造性地解决问题的例子。

1999年，我曾领导一个团队开展Y2K项目。当时，我们所在的地区每天晚上10：40左右一般会断电。而如果除夕的午夜断电的话，我们的计算机系统将被迫关闭，这会给 Y2K 项目带来严重的影响。我让首席技术员将隔壁咖啡馆冰柜的备用电池借过来，用来给服务器供电——那时还没有单机备用电源系统。断电大约从午夜一直持续到第二天凌晨的 3 点。但是因为有了备用电池，我们没有丢失任何轧制数据。虽然由于我们使用了备用电池，咖啡馆冰柜里的奶制品都变质了。但是我们给咖啡馆的赔偿费用，仅仅占丢失客户数据对业务造成损失的 2%。

我曾经在一家零售店当过助理经理。那家零售店有辆大卡车，每天配送中心的人要把货物一箱一箱地搬上大卡车，到了我们这里再卸货。我很快发现卸货工把包装破损的货卸下来后，还要花不少时间进行清理，这样整个卸货时间拖得很长。打破的杯子、溢出的颜料，以及其他妨碍装卸工卸货的材料，造成了工作效率非常低。就这样过了几天，工作效率一直在下滑。我认识到，我负责区域的其他店也存在类似的问题。我要求每个分店把碰到的这种情况都描述一下，这样分销中心就知道问题所在了。我还让每家分店记录下，由于装卸混乱而造成的人工浪费金额。统计完 4 周的信息后，我们计算出人工损失的情况了：大约每人每个小时要浪费 9.5 美元，每家店每日损耗 125 美元。那么，15 家店 30 天的损失金额可不是个小数目了。我立刻把情况汇报给了地区经理。当他得知因为卡车中破损的货物给他的管辖区域带来了这么大的损失后，他立刻汇报给他的上级。自此以后，卡车在装货的时候都变得更加小心了。9 个月后，我们店的盈利水平上升了 9%。

我的哥哥从小失聪。在我们一起长大的过程中，他的失聪给我们关系的维持带来了很大的挑战，也使很多事情变得极为复杂。首先，我们没有一个自由对话的平台。还在儿童时期，我就得克服小伙伴们不需要克服的障碍——与失聪的哥哥沟通，我必须寻找新的沟通方式。虽然我们家其他人都用手语和哥哥沟通，但是我和他慢慢学会了唇语，我们不需要发声，就能通过看对方的嘴唇动作来判断对方说的是什么。虽然我可以直接用手语来解决我和他之间的沟通障碍，但我就是想做一些与众不同的事情，而我的这种行为得到了他一直以来的感激和快乐。读唇语拉近了我和哥哥之间的距离，我们用独特的方式沟通的这段经历也展示了，我是怎样克服困难，打破聋哑人世界的常规的。哥哥是一个非常独立和志向坚定的人，直到现在，我和他仍能保持很好的唇语沟通。

我曾经主持过一个电视直播访谈节目，专门为一名国会议员候选人准备访谈材料。但是当他到达直播现场时，我发现他不愿意回答我在材料中准备的任何问题。我只能在长达一个小时的现场直播里，完全没有准备地和这位国会议员候选人进行访谈。因为我无法在没有任何材料的前提下访谈1个小时，所以10分钟后，我把访谈中断，改为接入听众电话，让听众向这位候选人提问。观众提出了为什么他继续选择当国会议员，他很高兴回答这个问题，这让我感到很安慰，也让我顺利地完成了接下来的访谈。后来他当上了国会议员，还让我担任他本人首次访谈的主持人。

请举例说明你对情境做出了准确的判断，思维清晰地解决了问题。

有次，一名客户走进银行，要求我给他贷款5 000美元，以便他能“支付一些账单”。在对这个客户的情况进行审核时，我发现他实际需要25 000美元的债务贷款。我并没有简单地满足客户的要求，而是通过分析和判断，以最有利于银行和客户的方式提供了解决方案。

在解决问题的过程中，你要经过哪些步骤才能做出决定？

遵循标准的问题解决流程和决策流程是很重要的。接下来，我会以一个团队项目为例说明我所遵循的步骤以及解决问题的方法。

1. **确定要解决什么问题，做出什么决定。**在一门管理介绍课程中，老师分配给我们组一个任务，那就是报告两家公司的公司治理结构和财务状况。我们需要决定的是，需要汇总两家公司的哪些材料，以及以什么形式展现相关信息。

2. **搜集必要的信息。**小组里有几个人想要汽车制造商的材料，其他人则想要电子企业的材料。我们把两类企业的信息材料都搜集了起来。

3. **列出所有的选择。**我们把两类企业的公司都列了出来。

4. **考虑每种选择可能产生的结果。**我们认为汇报一家汽车制造商会有积极的效果，而电子企业则更面向未来，涉及纳米计算机、全息摄影测量技术和数字电影院等高技术含量的产品。

5. **考虑你对每个选择的感受。**由于这是一个团队项目，我们必须了解团队每位成员的感受。

6. **评价价值和重要性。**同样，我们就每种选择的价值和重要性征求每位团队成员的意见。

7. **选择可行的一种方案。**我们决定做电子公司的项目，因为这可以将每家公司的产品都列出来，与未来进行比较。

8. **投入精力实施方案，将未通过的方案搁置在一旁。**只留一个努力方向。一旦做出决定，我们把全部精力都集中在电子公司上。

9. **按部就班地采取行动。**每位团队成员都从各个方面了解电子公司的运作。

10. **不时地评估项目进展，如果必要的话适当地调整方案。**我们很愉快地推进项目，没有调整方案的需要。最后，我们的项目报告获得了“A”。

有时候我们可以亡羊补牢。请举亲身经历的一个例子。

我在一家大型零售店工作时，标准的流程是，如果只在货架上展示一个商品，等商品卖掉后再补充新的产品。这显然要浪费很多时间。我负责的产品中，空调的问题尤为突出。空调很沉，搬到货架上很费劲，但是空调卖得很快。因此，如果某天空调卖掉了，我没法当天就把新的空调补充到货架上。那么这一天其他消费者就看不到空调了。后来，我列了一个清单，包括空调，请值夜班的同事将清单上的货物补充到货架上。如此一来，夜间值班的人手里也有活了，这样就节约了劳动时间。同时，货架上永远是满当当的。

请举例说明你为雇主解决了问题。

我在一家综合住宅大楼当前台接待员时，一名租户来找我，说他已经在规定日期将房租交给了我们。他说，当时我们的办公室是关着门的，他从门缝里把房租塞了进来。我决定去问一下经理，因为我认为我们需要立一个标牌，表明我们不接受从门缝里塞进来的房租。经理同意了，于是我们在外面贴了一张告示。从此以后，再也没有租户这么干了。

你曾经设法让工作做起来更便捷、效率更高吗?

我发现，在问题发生之前就积极地去了解问题并解决问题，会使工作的效率更高。这不仅节省时间和精力，还让人很有成就感，以及对工作内容胸有成竹。例如，我在一家大型超市连锁店里工作时是一名簿记员，同时还要监督整个办公室的工作。当时保险柜在办公室外面，收银机的前面。也就是说，如果我或其他办公室助理忘记关保险柜的门时，任何人都可以自由地往保险柜里放钱或者把保险柜里的钱取走。

尽管放在办公室里更安全，但是我们没法把保险柜挪进去。于是我订购并安装了一个时间锁隔间，于是，保险柜就只能在店里关门后的某个特定时间打开了。我们把一些现金留在隔间内。这样我们就能保留一些备用金，因为总是需要一些额外的现金来满足日常的业务。一个月之后，我离开了那家店。后来我听说有匪徒抢劫了那家店。由于我的未雨绸缪，劫匪只抢到了一点现金。前总管向我表示了感谢。我对自己很满意，在后来的工作中我也一直尽早发现问题的苗头，防患于未然。

说服沟通和表达

请举一个你说服别人接受你的观点的例子。

曾经有一次，营销部要在非常短的时限内上报 FDA，让其批准我们公司扩展一条生产线用于生产一种新药。为了赶时间，营销部希望在给 FDA 报的材料里，只说明药效和药品安全性，而不说明药的产出。我说服营销部在上报材料中，补充说明药品的便捷性、试用的满意度以及对患者睡眠质量的提高作用。因为这些信息对于药品获得市场准入至关重要，尤其是对于医疗保险处方药来说。最终我们顺利通过了 FDA 的审核，并被批准扩展生产线。

每年年末，在俱乐部网球课程结束后，我们都会举行一场锦标赛。然而，那时候学生往往对锦标赛没有多大兴趣。3 年前，我将学生的年龄特点纳入设计锦标赛的考虑因素内，激发了学生对锦标赛的兴趣。我建议教练组组长为获胜者购买奖杯和奖品，在比赛的同时，允许其他训练活动在剩余的场地继续进行。教练组组长采纳了我的建议后，参赛学生人数提高了 40%，前来观看比赛的学生家庭成员和朋友人数也暴涨。

在一次营销课上，我们要阅读问题解决相关的案例材料。在案例中，企业的操作存在一些问题，我们评估了那些问题，并为企业提出了解决方案。这些问题都很容易让人混淆，学生们需要把各种因果关系一一厘清。我向教授建议，采用角色扮演的方式进行这堂课，模拟真实的商业环境，因为这样会使学生更好地理解问题。一开始，教授并没有把我的建议当回事，他认为学生不会认真对待这节案例课。然而，我一直努力说服教授认同我的观点。我告诉教授，我是一个视觉化的学生，我认为这种仿真的模式会让我学得更好，因此我觉得它同样会促进全班同学的学习，但是教授仍旧拒绝了我。于是我请求教授给我一个案例，让我按照自己的想法尝试一下。我告诉他，如果我试验失败了，以后绝对不会再和他提这个想法。教授给了我一次机会，我成功地吸引了全班同学的注意力。同学们不用再阅读那些很乏味的材料，在全班同学面前分享心得，他们每个人都积极地参与课堂互动，十分投入地扮演角色，非常乐于在模拟过程中学到知识。

我是一名业务经理，我随时都在发现潜在的广告商并说服他们来我们这里做广告。我印象最深的一次是，有名日光浴沙龙的组织者在一开始拒绝我后，又同意在当年冬天做广告。凭借在妇女联谊会中的工作经历，我告诉他，妇女联谊会在冬天一般都会举办活动，参会的女性们都希望在穿着晚礼服的时候，能够露出健康的小麦肤色。因此，我建议他在冬天做广告。他明白妇女联合会的成员是他主要的客户群体，他同意在那个学年的剩余时间都在我们这里做广告，因为我安排他为妇女联合会的几轮活动进行推广。

上大学的时候，我是宏观经济学学习小组的组长。作为组长，我不得不将小组的一部分任务分配给组员。而我，不仅要为每个任务写书面报告，准备口头汇报时的各种小道具，还要打印全部的 5 份报告。当时我还选修了其他 4 门课。做到第 4 份报告时，我决定说服其他组员编辑报告并定稿。我把任务分配给他们时，他们都很高兴，那时我才深刻地体会到放权和领导之间的微妙关系。

请举例说明你成功地说服别人从你的角度看待问题。

最近，我们公司在为新培训中心的电话系统招标。两家公司的标书都差不多，而我们部门大部分人都想用以前跟我们合作得很好的一家销售商的产品。在看完了建议书后，我发现这不是个正确的决定。因此我和部门的每个人都分别进行了谈话，劝说他们改变主意，接受另一家公司。最终，我们采购到了最好的产品，节省了成本，工作质量也得到了保障。

请说一下你最具创意的演讲。

我最具创意的演讲是在一次全国性的研究讨论会上。在那次演讲中，我对大量乳房 X 线照片的数据进行了分析和阐述，台下坐着 100 多名行业翘楚，他们要评判我的演讲。我按着研究的脉络来进行演讲，很自然地和台下分享心得。演讲效果很好，许多人都邀请我针对这项研究再进行一次演讲，其中还包括一家全国性的电视台。

我是一名充满自信的演讲家。我最满意的一次演讲是在我现任职位上发生的。当时我的任务是给一个管理课程班的学员上一堂开发领导力的课。那堂课的要点是针对每个学员的风格开发他们的领导力，这样学员就可以根据自己的基础进行实践。而最关键的则是告诉学员他们之前没有意识到的自身的领导风格。每一名学员都填写了一份调查表，回答了有关自身倾向、偏好的各种问题。根据每个人的回答，我将他们分成不同的组。接下来我安排每个组分别阅读不同的书。按照我的要求，每一名学员都必须大声地朗读出来分派给他阅读的那一部分。每一名学员完成任务的方式都不一样。他们都充分理解了自己是如何以各自的方式完成阅读的，从而也知道了如何以最适合自己的方式领导下属。我的这种教学方法让学员们都能很投入地去演讲，不仅如此，后来班里的学员还把这种方式应用在其他演讲上。他们很喜欢我上的这堂课，不仅如此，这堂课还让他们加深了自我了解，帮助他们更好地领导团队。

请给我们讲一个你成功地说服老师或上司接受你的观点的例子。

去年夏天，我想为本地低收入家庭的孩子组织一个夏令营。我的主管知道这个想法会很受欢迎，但是仍然担心我们的人手不够。我劝告他："我每天都会去现场，我还会说服亲戚朋友，告诉他们这个夏令营的重要性，鼓励他们参与组织这个夏令营。"我的上司很信任我。最终，成千上万名当地低收入家庭的孩子报名参加了这次夏令营，我也成功地号召到了足够多的人来组织这次夏令营活动，还有很多志愿者报名作为后备人选。

灵活性、适应性、勇于担责

请举一个你随机应变、勇担责任的例子。

前年夏天，我们家的顶梁柱——我的爸爸患上了很严重的中风，左半身瘫痪，就在我要进入大学学习前的几个月。那时，我都不知道我还有没有机会去念大学了。爸爸让我帮他打理网上业务，而我对此一无所知。就在爸爸的病床旁，我努力学习计算机知识。感谢上帝，我还能工作，还能在爸爸身边支持他。爸爸的身体逐渐好转，他又能亲自打理他的网上业务了。就在那段时间里，我认识到照顾家庭是自己最重要的职责，而为了做到这一点，我必须要努力工作，获得成功，这样才能为家人提供他们所需要的一切。

请举一个你超出自己能力和职权范围，完成任务的例子。

两年前，我们不得不裁减一部分员工。当时我正在休假，副总问我应该裁掉哪些人。由于我需要定期和各个部门主管开会，也一直在做编制规划，因此我有足够的数据评估裁掉哪些部门的员工对公司关键业务的负面影响最小。就在休假期间，我把数据分析递交给副总。最后，公司按时完成了裁员任务，产生的负面影响也很小。

虽然我早就下班了，但是还留在办公室帮一名同事处理问题。有位客户很愤怒，因为他等了好长时间才等到他点的咖啡。尽管他刚开始的时候很生气，但是我很耐心地倾听，并和颜悦色地告诉他，我们一直在努力地为走进我们店里的每一位顾客提供最好的服务。经过一番商谈后，他笑着离开了我们的店，对我们的服务态度感到很满意。

在一家大型零售店上班时，只有我和另外两名同事在电子产品部工作。有一天，我刚到单位，就接到通知，区域经理第二天要来巡店。另外两名同事的年龄都超过55岁了，他们谁也搬不了重物，其中一名直接拒绝加班。最后的结果是只能我来理货并充实货架。我只有5个小时来理货。而5个小时过去了，还有许多重要事项没有完成。我向经理申请下班后加班，和值夜班的库工一起把剩下的事情做完。经理说，由于我们的预算里没有加班费这一项，所以下班后加班是没有报酬的。因此我面临两个选择：一个是不加班而我们的店获得低分，一个是加班却得不到加班费。我选择了后者。3个小时后，电子产品部的货架被我们整理得井井有条。我们最终得了95分，满分是100分。

我从来就不相信无须付出太多努力就可以混日子的说法。为了顺利完成工作任务，我随时准备做超越自己工作范围的事。在人类学课上，每个学习小组要在全班人面前针对一个话题进行50分钟的演讲。那时我才刚进大学，组里其他成员要么是三年级的，要么是四年级的。我很着急，非常想证明自己。我的题目是“博茨瓦纳”。我在网上花了大量的时间来查阅有关博茨瓦纳的资料，还去了图书馆。但是我搜集到的材料不足以支撑一个50分钟的课堂陈述。我没有止步于使用那点儿材料，而是继续去其他图书馆查找资料。最终我写了一篇非常出色的文章，不仅如此，我还学会了使用PPT。大家对我的作业赞不绝口。我们组也因此得了“A”。

请举例证明，你可以适应各种各样的人、环境和条件。

我在多个工作岗位上的成功可以说明这一点。例如：我曾在哥斯达黎加与一户当地人家住在一起，我为科德角的一名著名作家当过保姆，我接待过毒品法庭的上庭人员，我还为精英乡间俱乐部的客户提供过餐饮服务。所有这些工作我都干得很好，不存在任何不适应的问题。

请举例说明你能举一反三。

上个学期，我修了一门微观经济学课和一门统计学课。微观经济学课上的一个任务就是说明在商品价格提高到一定程度时，顾客放弃购买商品的可能性。通过在统计学课上学到的知识，我算出了能够维持现有顾客数量的最高价格。

应对困难局面

请告诉我你成功克服逆境的一个例子。

在大学第一个春假时，我帮一个高中朋友搬家。尽管周末我在朋友那里，但是我做了一件非常不负责任的事情。由于在公路上飙车，我收到了一张罚单。之前我基本没碰到过什么大麻烦。开车回家的路上，我告诉了我的父母我干了什么。那段路是我走过的最长的一段路。我向他们解释发生了什么事情，告诉他们法庭判我提供250个小时的社区服务。当时我觉得我的人生从此将一片灰暗，早晨我都不愿意睁眼去面对生活。然而，我并没有自暴自弃。我决定认真给社区提供服务，恢复我的名声。整整一个夏天，每天我都在烈日下，帮一家二手商店搬家具、杂货以及零碎物品，每天工作6～7个小时，中途没有休息过一天。在炎炎烈日下按照YMCA的要求为社区提供服务不仅使我挽回了声誉，还让我减掉了45磅的体重。很感谢这段经历，我的思想认识得到了提高，身体素质也得到了加强。

三年级的时候，妈妈决定自己开家餐厅和酒吧，这占用掉她大部分的时间。每天早晨她8点就去工作，回家时经常是第二天凌晨2点。而那时爸爸刚刚换到另外一个城市去工作，妈妈却决定待在原居住地经营她的餐厅和酒吧。哥哥和我要想见到妈妈，只能在白天去她的餐厅和酒吧，那里成了我们的第二个家。有时，晚上我们睡在妈妈的办公室，直到凌晨2点，再和妈妈一起回家；有时，我们白天都待在办公室里帮妈妈处理办公室的事务；有时，她的女招待、厨师、助手会从学校接我们，让我们和妈妈在一起待上一两个小时，等到餐厅晚餐高峰期到来的时候，我们就被送回家；有时，在忙碌的周五晚上过后，周六早晨9点我们就赶到妈妈的店里帮清洁工打扫地板上被啤酒泡透的花生壳。我从来没觉得年纪小小在酒吧里花那么多时间是不正常的事。因为我可以在那里见到妈妈。我学会了很多和餐饮经营相关的事，而我的同龄人可没这个机会这么早就学到。在餐饮经营方面，有些成年人还不如我懂得多呢。我观察妈妈的行为，向妈妈学习，正是那时的耳濡目染，造就了现在的我。我懂得了一定要做一个和善的人。有3年的时间，我几乎都没有同时和爸爸、妈妈待在一起的机会，这让我明白，父母不会永远陪在你的身边，最终你要靠的还是自己而不是别人，因为没有人永远和你在一起。

高中十年级的时候，不管在学校还是在家，我都遇到了很大的困难。我成了班里的破坏分子，成绩一落千丈。父母很着急，我也一样，我不知道未来的路怎么走。在那个学年还剩不到3周就结束的时候，我被学校开除了，我被分配到了“别的学校”，而那里基本没有什么课可以上，我无法继续我的学业。所以，后来我也从那所学校退学了，父母便在家里给我上课。十年级后的暑假，父母开始给我上大学的课程，这使我认识到我的终点不是高中。在第二年年初，我进入社区大学成为了一名全日制学生。我开始明白只有努力学习，全神贯注才能获得成功。一年半后，我17岁并拿到了社区大学的学位。接着，我转入了四年制的综合大学，在那里我同样以刻苦的学习和全身心的投入获得了成功。

请举例说明你的应变能力。

两年前，我的哥哥自杀了。我是一家电话呼叫中心的客服代表，人们每天会因为各种各样的问题给我们打电话。自从我哥哥去世后，工作上的事情都显得无足轻重了。在悲伤的情结绪下工作是件很痛苦的事情。每天上班之前我都会提醒自己，给我打来电话抱怨的客户并不知道我哥哥去世的事。为了给客户提供更好的服务，我必须让自己不受哥哥逝世一事的干扰。我请求经理让我去做其他的工作，直到我确信自己已经做好心理准备，应对工作带来的巨大压力时，才转回到原来的工作岗位。

在对西班牙语几乎一窍不通的情况下，我抵达了位于哥斯达黎加的一所语言学校，当时正值午夜，我所在的城镇非常小，还没有路标，尽管这样我仍然成功地找到了临时住所。当时我很害怕，但是我仍然很冷静地处理了情况。面对压力时，我永远是团队中最冷静、注意力最集中的那一个。我的家人、朋友和老师都说我是一个遇事不慌、临危不乱的人。

请描述一下你需要坚强地让自己脱离困境的情形。

上大学的时候，我当过宿舍助理。有一次，一名我不认识的学生问我是否可以借电话给他用一下，他要给别的房间的舍友打电话。尽管不认识他，我还是让他进了房间，我把电话借给他，在他们的谈话中我听到他说，他刚从兄弟会上回来，吸食了一些大麻。我只能执行学生守则，把他的情况做了一个书面报告。他立即充满了敌意，拒绝让我看他的身份证，也不告诉我任何事情。我站在门口，不让他离开。这时，我看到了他钥匙上的序列号，我顿时觉得心里踏实了，放心让他离开。我既完成了工作任务，也没有危及我和他的人身安全。

我们常常会有力不从心的时候。请举例说明你在完成项目或工作任务时，不得不寻求他人帮助的情况。

技术在飞速发展，没有必要对IT界的知识穷追不舍。因此，当最近我们的ATM网络遇到了电路仿真方面的问题时，我请求北加州的一些工程师来帮助我解决。寻求帮助是一件很美好的事，因为在你得到帮助的时候，就是学习的过程，还能在未来举一反三。

请回忆一下在你的工作经历中，主管缺席，但是你碰到问题的情境。

有次，我负责一场足球比赛，主管不在场。比赛当中，发生了打人事件。一名运动员打了裁判。主管不在，我只能自己做主，决定怎么处理。我立即叫来警察，使比赛秩序很快恢复正常。我想我做了一个有效的决定。

请描述一下，当你对自己的表现不是很满意的时候，你是怎么做的？

我第一次考商科的微积分时，没有及格，我很不高兴。可是我不想让这次失败主导整个学期剩下的时间。我去找学术顾问寻求帮助，他建议我每周接受一次辅导。辅导老师给了我很大的帮助，我的成绩迅速提高。我把自己从第一次考试的失误中挽救回来了。

请描述一下你的结果没有达到主管的预期时，你是怎么办的。

最近，领导让我汇总一下关于移动网络系统的建议书。我没有领会领导的意图，以为他就是需要一个非正式的报告。一天后，当我把报告交给他时，他很不满意，因为这样的材料没法交给副总看。我向他解释，我误解了他的意思，也道了歉，重新写了一份，为他的会前准备留下了足够的时间。

请描述一下需要你保持积极乐观态度的困境。你是怎么做的？

在指导一场演出的时候，我面临着各种各样的问题。场景合不到一起去，演员们矛盾重重，不努力工作，技术支持跟不上趟。总而言之，一片混乱。我还兼任舞台监管，这就意味着我需要告诉人们谁该什么时候上台，告诉后台人员什么时候放置什么道具到舞台上。因此，我把所有事情都组织起来，告诉人们他们各自需要完成什么工作任务，并要求他们态度严肃认真但同时保持乐观。人们开始乐于干这些工作，演出取得了非常好的效果。所有场次的票都卖出去了。那场演出是我们组表演得最棒的一次。

管理、领导能力

你如何运用沟通技巧来管理员工？

我接手了一名长期以来表现不佳的销售员，他不按照我们讨论定下的专业巡检方案来行事。他也听不进别人的话，总是把事情搞砸，却归咎于别人。我发现写邮件和他沟通比较对他的胃口，他可以在需要的时候把他的想法通过邮件告诉我。用邮件沟通还有一个好处，那就是可以记录各项事情的进展。这件事告诉我，每个人都有各自的特点，要根据这些特点来选择最适合这个人的沟通方式。

我有一名下属，他经常跟我对着干，给我带来很大的麻烦。我通过会议了解他，通过客户及他的同事来了解他。我还定期和他会谈，了解他的长处所在，让他明白我对他的预期。就这样，我打开了他的沟通防线，发现他最大的长处就是帮助别人。我接受了他的这种独特特点，并且在多种场合表扬他所取得的成绩。同样，我也让他了解，他有哪些地方需要改进。最后，我们得到了一个双赢的结果。他十分信任我，我同样也很放心地让他代表我们的组织参加各种活动。现在，他负责其小组会议的组织工作，也会帮助其他同事发掘他们的潜力。而且，他是我表现最好的下属之一。

作为领导，你为个别下属或多名下属设定过纪律或者进行过劝诫吗？

我曾是一名社区服务组织的主席。当时手下有一名董事会成员，他同时担任管理发展部的副部长，但是却不履行相关职责。我和他坐下来深谈，看看怎样解决这个问题。我们都认为，他太忙了，没法在我们组织的几个项目上花费大量时间，最后他主动提出来辞去管理发展部副部长的职务，不过他承诺，如果他的继任者碰到什么业务上的问题，他可以帮忙。这样的决定是我们两个人一起做出来的，而不是我批评副部长并单方面决定撤他的职。之后我的行动计划开展得十分顺利。

人际沟通、团队合作、领导团队

能举例说明你领导团队的能力吗？

我负责给我们公司制订员工计划，这能有力地证明我领导团队的能力。为了做好计划，我需要公司管理层的帮助，还需要一线员工的支持，这样，计划才能满足公司的目标，适应公司的文化。为此，我组织一线员工进行了一场头脑风暴，取得了很好的成效，而之前与各部门主任开碰头会的时候，大家都曾认为这是不可能的。我对此非常自豪。我和执行委员会探讨，能为员工计划投入什么，从而我知道了在他们眼里，各种事项的轻重缓急。之后征求各部门主任的意见，确定了流程，也了解到他们最需要什么。接下来，我写了一份草案，让执行委员会审阅，还征求了其他几个委员会的意见和建议。在截止日期之前，我制定了一份完全针对公司目标、符合公司文化的完美方案。这个计划包括营造兼容并包的环境，在方案的制定过程中这一点就得到了充分的体现——一线员工参与了这个方案的制定，大家的士气一直很高涨。

我曾是一名店铺经理。有一次，我给150名助理开会。会上，我努力让他们相信，如果想提高奖金，就必须改善职业安全记录。接下来的6周，我们每天都讨论这个问题，我告诉他们我的预期是什么。6周后，我们的事故发生率降低了一半以上，相应地，每名助理的奖金都增加了几百美金，大家都很高兴。

请举例说明，某人并不喜欢你，但是你也能够成功地和他沟通。

我在剧院工作时，有一名主任，我和他在一起干活很别扭。但是由于我的工作记录良好，他不得不安排我做舞台监制或副主任。我的职责是监督演出的日常运行，了解演出的表演进程。我尽全力指导好每一幕剧，并预演给他看，以通过他的审核。如果他对某一幕剧的表现方式不满意，那么我就会告诉他，我为什么选择的是这种表达方式而不是其他表达方式。如果我们不能就此达成共识，我就会按照他要求的方式重新做一遍。这其中，最关键的一点是我明白大部分人都没有主观的恶意。如果你不是非要让别人认为你是对的，那么避开矛盾，让工作顺利进行下去。

我刚在信用合作社工作时，是最年轻的员工。当时有一名年长的女同事，她对工作驾轻就熟。开始，她并不把我放在眼里。通过大家的言谈，我了解到，她认为我没经验、太年轻、不能胜任岗位要求、不够成熟。我认真工作，抓住每一个机会表现自己。我很勤奋，不断提高业务能力，学习工作知识的效率很高。最初的两周，她连话都不跟我说。而两周后，她主动找到我，说我的表现给她留下了深刻的印象。她还说我的工作做得很好，是她见过的业务知识掌握得最快的员工，并对之前忽略我感到很抱歉。从此，她完全认可了我，还把她的工作心得与我分享。

请告诉我，当你遇到无法完成本职工作的同事时你是怎么做的。

我上大学的时候，有一次，做一个集体项目，但是有一名组员啥都不愿意做。项目要求我们比较某个产业中各个公司的情况，而他承担的任务是最重要的。首先，我们讨论了一下具体情况，告诉他需要完成的最低工作量，但是他还是没有达到这个标准。因此，我们一起去找教授，把情况向教授汇报了一下。我们并不指望教授能采取什么实际行动，只是希望他知道我们面临的困难。接下来，大家把那个不愿意干活的人的工作量分担了一下，一起完成了他的那一份工作。到第二阶段，我们要分析搜集来的信息并就各公司的费用情况做个书面比较。这时候，那名组员还是什么都不干。因此，我们告诉教授，我们已经把自己的那份任务完成了，也有能力完成额外的任务，但是我们宁可花时间来完善各自的文章也不愿意再帮助一个懒人了。教授很理解我们，让我们多花点精力在已经搜集好材料的前三个公司上，不过也不要完全放弃准备不足的第四个公司。我们的作业完成得很好，当然也有薄弱的地方，因为第四个公司的材料几乎没有。但是老师给了我们应得的高分。我对团队成员之间的合作很满意，也对处理团队中懒人的方式很满意。

请举例说明你需要妥协或者需要指导别人妥协的情形。

大学第一学期，我主修政治学。政府概论课的教授和我的政治观不一样。我们对每一件事情的看法都不同，在很多节课上，我们两个总是互相批判。然而，在考试中，我用我认为正确的观点回答了一个问题，教授却判我答错。我询问他原因，他说我应该用他在课堂上讲授的观点来回答问题。我向他指出，我能那么回答，说明我对问题中的概念理解得很透彻。他也表示认可，同时我答应他以后考试时我不会再像那次考试似的跟他唱反调了。在解决问题的时候，相互的妥协很重要。

请说明和你进行同一个项目的其他人和你持不同意见的情况。你是怎么做的？

大学第一年的商学课上，同学们分组做一个团队项目。我们组开了一个讨论会，畅所欲言地谈如何制作老师要求的视频。所有人都想采取一种简单的方法，而我却不这么想。我建议小组采用别的小组不会采用的特殊手法来做视频。我施展我的口才一个一个地做工作。在那个团队项目中，我们深深地体会到团队合作意味着什么，我们紧紧地团结在一起，付出了辛勤的劳动。大家对视频的最终版本都很满意，我们得了“A”，其他组员都很感谢我。

请举例说明你是怎样和难以相处的人共事的。

大学时我是舍长，我还认识另外一名舍长。他觉得我是可以倾诉的对象，所以他总是把别人对他的投诉和他参加的违反校规的活动讲给我听。尽管我不介意成为别人的知心姐姐，但是我不愿意压抑我正直的性格，也不愿意看着他辖区内的学生得不到安全保障。我说我会把这些情况告诉督学，他很愤怒，不相信我会这样做。尽管如此，他最终还是对我表示理解，知道我是出于责任感，也明白我事先主动通知他是为了他好。他以前只知道他的一些做法是违反学校纪律的，但是并不知道还会危及其辖区内的学生，是我让他认识到了潜在的危险。

请举一个你激发别人热情的例子。

我很喜欢激发别人的热情，帮助别人达到目标，无论我是否在做志愿者（我的好几份工作都是志愿者），也无论是否为了争取资金而搞活动或筹款，我都会这么做。无论作为一名正直的关键成员还是作为团队领导，我都擅长团队合作。我曾为一个电视拍卖活动动员募捐者。虽然当时愿意打募捐电话的志愿者越来越少，但是我有过在PBS举行拍卖的经历，也参加过很多会议，因此我知道如果雇用3名兼职电话市场调查员，不仅可以持续而有效地与捐赠人沟通，也能使电话市场调查员对活动有主人翁的感觉，这样大家对捐赠的热情就会提高。主管很犹豫是否采纳我的这个建议，但是我主动向他展示了一些成功的先例，把他的热情也激发了起来。最后，他们采纳了我的建议。电话市场调查员到位后，只要我们需要志愿者，招募起来就变得轻而易举。

请举一个你的同事彼此很难共事的例子。你是怎样处理这个问题的？结果怎样？

我在一家律师事务所任职的时候，我和同事每天要处理大量的邮件。我们有两种选择，一种是我们联手处理邮件，这样效率会比较高；另一种是各干各的，这样会浪费大量时间。我有两名同事，他们不愿意互相帮助，希望各干各的。我做了一个小实验让他们认识到，如果我们一起发邮件，至少会比各干各的提前一个小时完成工作。他们也看出来，团队合作是最高效的。结果，那天由于我们采取了合作的方式，很快就发完了邮件，有充足的时间去完成其他的事情。

请举一个你把自己的需求放到一边，去帮助别人完成工作的例子。你是怎样帮助他的？结果如何？

一次，我正在努力地准备财务课考试。同学们陆续走进教室。有两名同学对我说，他们不明白我明白的一个概念。那会儿我还有一小部分课本上的内容没有掌握，如果我抓紧时间把那部分知识学透，会得到更高的成绩。但我还是中断了复习，向他们耐心地讲解银行存款对于货币供应总量的复数效应。我给予他们的帮助使得他们都在考试中取得了优异的成绩，但是我却由于没有顾上复习的那一小部分内容丢了几分。尽管如此，我还是得了“A”。我感到很自豪能为同学提供学习上的帮助。

请举一个同事或同学在别人面前批评你的例子。

由于有几个项目没有完成，另外一名经理对我很不满意。在事先未与我沟通的情况下，他当着我的下属的面批评了我。我很不高兴，因为他让我在我的下属面前丢了面子，但是我还是保持冷静，请他进办公室，这样我们可以一起详细讨论一下那几个没完成的项目的具体情况。我把存在的问题告诉了他，让他知道项目没完成不是我的错，而是由于一名经理没有接到必须完成项目的通知。这件事情教会我，不要轻易下结论，有些时候沟通不顺畅会造成问题的扩大化。我学会了去全面地看待事物。

时间和项目管理

请谈一谈你做过的最复杂的项目。

当我担任理赔数据录入审查员时，领导让我加入一个团队，我们的任务是编写一本理赔数据录入流程的指导手册。那时，各种文件和材料都散落在不同的资源文件里，也没有为公司最大的保险客户——内华达州专门设计的可以直接使用的简单、详细的材料。刚开始接触这个项目，我就知道我们是在啃一块硬骨头。因为在我们绘制决策树和流程图时，发现需要进行大量的调研工作。为了完成项目，我把需要调研的内容分为四大类，并且安排不同的人去开展各个类别的调研。我还选了一个人担任执行编辑，他负责督促工作按计划进行。我设定了截止日期，在接下来的几周，我们按部就班地开展这个项目，创造可交付的增值。当一个步骤完成时，我会让 4 组成员轮换一下工作，这样大家可以互相检查一下别的组的工作成果，并且推敲一下如何调整政策差异，以及解释政策。大约 3 个月后，200 多页的指导手册出炉啦。大家对我们亲手制作的这个文件很满意。如果还需要做什么的话，我很可能会把那个指导手册放到网络上，这样大家就可以更方便地查询和浏览它了。

在社区学院念书时，有一次我需要在营销课上做有关安海斯—布希公司（美国最大的啤酒商）的演讲。老师要求我们组针对安海斯—布希公司的主要管理层(CEO，董事会主席、总裁、主要副总裁)，部门和分公司，主要产品、品牌、服务，近几年的主要财务指标（销售收入、费用、总收入、净收入、销售的增幅或跌幅）、市场份额、主要竞争对手、宗旨、公司定位以及员工数量等情况做一个汇报。为了完成项目，我采访了该公司迈阿密分公司的员工并制作了视频文件。我花了大量时间组织内容，撰写演讲稿。成稿后，我又花了几天时间反复完善演讲。结果我很冷静地完成了演讲任务，并得到了“A”的好成绩。那次项目的遗憾是，我没有能采访顾客和经销安海斯—布希产品的店主的感受。

我的高级研究是我所做过的最复杂的项目。它花了我两个学期的时间，由很多板块构成，包括大量的初级和中级研究。在完成研究的过程中，我要做出很多重要决策，每个决策对研究结果都会产生影响。在几乎没有教授指导的前提下，我独立做出决策。最后形成了 80 页的详尽的研究报告，我对它很满意。

在安排各种事项时，你是怎么决定优先顺序的？

我上过时间管理的课程，从而学会了将事情分为 A，B，C 三类。A 类是需要优先完成的那些事项。在每个工作岗位中，同事都会学习我对事物进行分类和管理的方法。我很喜欢办公室的氛围，但是我不会和同事在闲聊上花太多时间。我也知道，大部分办公室职员每天要花一个小时处理电子邮件。而我每天最多看一两次邮件。我把邮箱里的邮件也进行分类，按照重要程度分类进行处理。

决策

请举一个你较快做出决策的例子。

IT 行业经常需要你迅速做出决策。最近有一次，我们的核心交换机死机了，而当时正处于关键的生产期。像往常一样，我需要尽快让这台交换机恢复正常。我查看了所有的日志，研究了系统状态，根据以往的经验，迅速做出决定并修正了问题。几分钟之后，交换机又能正常工作了。

请举一个需要你做出重要决策的例子。你是怎么做的？

马上就要上大二了，我需要决定学哪个专业。我不能各种课都试一遍，浪费大量学分来搞明白自己对什么感兴趣。我做了一些个性和职业倾向测试，对自己的兴趣、技能和价值观有了进一步的了解。之后，我向几个系的老师进行咨询，以确定哪个系的氛围让我觉得更舒服。我把每个系的课程表都拿来研究了一番，看看哪些课程最适合我。最后我决定选择通信专业。这是我目前为止最正确的一个决策。

请举一个你在信息不足的情况下做出决策的例子。

最近，我需要从两套配置中为我们的路由器选一套。时间很紧，而我没法在这么短的时间内拿到所有的支持设备信息。我选择了我掌握数据最多的那套配置，因为这样的话，一旦出现问题，我就能很快地确定问题所在。事实证明，我的决策是正确的。

沟通

请举一个你通过书面沟通取得重大进展的例子。

在某度假地客房预订中心做行政助理时，我手下有27名员工。这么多的员工要分好几个班次来安排，他们的工作时间也不一样。也就是说，我不可能把所有人同时召集在一起开会。而我需要经常就公司政策以及各种信息和员工进行沟通。我想了一个办法，为员工设计了一个网站，通过在网站上发布通知来和员工们进行沟通。每个当班助理都要在每天上岗之前，查看一下这个网站上发布了什么新的通知。我也会通过电子邮件分配工作任务，这样每名当班助理都能及时了解我的安排。我印象最深的一次是处理紧急事件的小组第二天一早就要来店巡查，我只有一天的通知时间，而且我没有专门的人手负责为紧急事件小组的成员登记入住和分发房间钥匙。我立刻在网站上发布了一个新的通知，还发送了邮件。4个小时内，我就安排好了第二天的执勤人员和前台助理，为前来查看的小组成员登记入住和分发房间钥匙。

请举例说明你的认真倾听给你带来了回报——别人可能听漏了会议上的重要观点。

一次，我在大学做高级研究汇报时，我们系的相关人员组成了一个委员会来对我进行提问。对这些问题的理解和回答在很大程度上将决定我的成绩，而这最终取决于我对委员会所提问题是否能听清楚，是否能理解透彻。我见到其他同学由于没听清委员会的问题，误解了他们的意思，答得牛头不对马嘴。我对委员会的问题都听得很清楚，答得也很漂亮。整个汇报很成功。

工作场所的行为、服从性

请举一个你服从自己并不赞成的政策的例子。

在Home Depot任副经理时，我一直在探寻鼓舞士气的最佳途径。卸货是种常规性的体力劳动，很无聊也很累人。所以我在收货码头装了一台收音机以提高装卸工的工作积极性。然而区域经理不同意在工作场所安装收音机，即使没有违反公司任何现行政策也不行。收音机并不在影响到顾客的范围内。我不赞成区域经理把收音机取走的决定，然而我理解他的出发点。当他和我说明他的考虑因素后，我立刻按照他的意思照办了。收音机没了，装卸工很不满意。于是我又采取了另一种激励他们的措施：如果他们的装卸效率比常规水平高，那么公司会给他们叫外卖，提供免费午餐，而从哪家餐馆叫外卖，由他们自己决定。这个方法效果更好，装卸工的平均装车时间由两个半小时缩减到了一个半小时，这相当于节约了那个班次8%的人工费用。

你与你的主管或者导师有过相处不愉快的时候吗？你是怎么解决矛盾冲突的？

是的，我曾经有段时间与西班牙语教授相处不愉快。我交给他一篇论文，他说那篇论文写得太好了，不可能是我自己写出来的。我一向对他很诚实。我告诉他我认识一名西班牙人，我交论文之前让他看了看我的稿子，但是他也没改几处。然而，我还是违反了西班牙语课作文的要求：不得让西班牙人改作文。为了让他知道我的西班牙作文写得比他想象得要好，我又重新写了一篇交给他。最后，他给了我一个“A+”。

你最喜欢和哪种主管相处？

我喜欢那种给我足够的自主性，放手让我去干工作的主管。我也喜欢能给我建设性的批评和意见的主管，这样我可以快速成长，用更好的业绩回报公司。比如，我在一家医院任职的时候，院长愿意雇我担任行政经理，是因为他看中了我的行政管理和组织能力。他知道我的想法很多，所以放手让我去落实这些想法。当然我会随时向他汇报，寻求他的建议和帮助。我创设了一个行政管理部的内部网站，这个网站加强了部门内的沟通，前一天就能把第二天的工作准备好。我还将登记入院手续流水线化。每个月，我都会选一名员工担任行政员，这极大地调动了所有员工的积极性，还降低了员工离职率。这只是个别例子，我还因为工作努力、创意出色获得过最佳员工奖。我的老板不仅对我充满信心，而且对我非常尊重。

职业道德和表现

请比较一下你高于工作标准和低于工作标准时的表现。

心理课上，我参加了两个项目组。在第一个项目组，我们需要做研究实验并取得研究成果。这个组的其他人积极性都不是很高，他们只想简单地比较一下男性和女性的色彩偏好。我觉得这个组的任务对我来说过于简单。而在第二个组里，我提议比较一下不同年龄段人们对金钱的看法。我知道，如果能让老师指点一下，这个项目做起来并不难。而我提议采取一种很有意思的方式。一般情况下，我们需要待在很无趣的地方搜集数据，而我建议大家去购物中心进行现场访谈。其他组员们都同意我的建议，整个项目做得很顺利。讨论是协调的关键，通过这个项目我觉得自己的能力得到了超水平发挥。

你曾经有过对自己的表现与教授的看法不一致的时候吗？你是怎么处理这种情况的？

有次英语课上，我交了篇文章。教授看了后告诉我，我那篇论文的格式不正确，内容也不对。我赶紧问教授，怎样写那篇文章才是正确的。教授告诉了我，我及时地做了调整，并在那门课上得到了高分。

你认为在学校里成功的标准是什么？你是怎么样达到这些标准的？

在人力资源管理课上，有次老师要求我们写一篇论文来回答这个问题：为什么公司文化可以有效地提高公司营业收入和生产率？有关这个话题的所有文献都是博士级别的。我了解其他同学都在做什么，得到的答复是他们都只是陈述自己的观点，而没有去研究那些能够支持自己观点的文献。我想我可以做得更好。我不停地向教授提问，以找到最佳思路来完成我的论文。所以我紧跟教授，他把学术语言翻译成我可以理解的语言来回答我的问题，这样我就知道该怎么下笔了。在教授的指点下，我完成了一篇很棒的论文。提问是我最喜欢做的事情之一，如果我当初没有提问，我的论文就不会写得那么好。

请分别举一个你在学校或工作岗位的令人满意和不满意的例子。

上大学时，我参加过一次越野跑，之前我从来没有在 30 分钟内跑完过全程，我对此很不满意。而距离比赛只剩一个月了，我决定想办法在25分钟内跑完全程。我每天早晨早起跑步以提高自己的耐力，在最后一次比赛中，我终于用25分钟的时间跑完了全程。对此，我很满意。我成功地变不利为有利。

你认为在这一行成功的关键是什么？

笑脸迎接每位顾客，耐心解决顾客的问题——这是我认为的在本行业取得成功的关键。尽管我涉足过很多行业，但我一直都是一名优秀的销售员和一名一流产品的生产商。让我来详细阐述一下。我初涉职场时，曾为一家家庭健身中心推销会员卡。一名男性顾客怒气冲冲地找到我们公司，要求退款。他对会员中心的员工大喊大叫，抱怨游泳项目有各种问题，他说我们欺骗了消费者。其他员工都有些慌乱，而我主动询问那名顾客出了什么问题。他说他的儿子都上了四周的游泳课了，可还是怕水。我没有立刻给他退款，而是建议免费为他儿子提供一周的一对一的游泳培训课，并告诉他，孩子们对教练教授内容的接受程度是不一样的。最后他听从了我的建议，没有坚持退款。一周的一对一授课结束后，他的儿子不仅不怕水了，还能一气儿游完整个泳道。课程快结束时，这位父亲亲自给孩子又报了一个一对一的培训班，他本人也办了会员入会手续，并为他之前的粗鲁行为向我道歉。

在过去的职业生涯中，你对公司做的最大贡献是什么？

我的公司主要进行认证的工作。我做了两份详尽的自我认证评估报告，里面清楚地注明了如果想通过认证，需要达到哪些标准。根据这两份自我评估报告，我的公司在认证机构的网站上顺利地填写了各种材料，按要求完成了每个步骤，很快通过了认证。

从高中到大学的转变/从大学到职场的转变

你是如何实现从高中到大学的转变的？你是如何处理在这个过程中出现的问题的？

对我来说，从高中到大学的转变有点难度，因为大学离我家很远。为了让自己适应这一转变，我在尽可能的情况下参加了各种社团和活动。同时我还主动了解我的教授们。通过发挥自己在人际关系方面的长处，我交到了很多朋友。对我来说，大学初期的生活让我非常不适应，后来就过得很愉快了。

你的大学学习生活对你的职业有什么帮助?

为了提前适应职场，我在大学阶段就去国外旅游，参加实习，并自主创业。在厄瓜多尔一家机构实习时，我用西班牙语做了一份15页的营销计划，提出了多条提高公司服务水平的建议。除此之外，我还有过两次国外游历的经历。一次是在危地马拉的托多斯桑托斯研究当地的玛雅人文化。一次是在哥斯达黎加参加全封闭的浸入式语言学习项目。从我提供的材料中您还可以看到，我的学业成绩、课外活动、背景经历，帮助我在国际营销领域的成功打下了坚实的基础。

如何通过讲故事回答情景式和未来导向式的问题

在求职面试中，情景式的问题很常见，行为面试中也是如此。情景式问题问的不是你过去在某种情景下是如何处理问题的，而是未来在某种情境下你将如何处理问题。你可以参考在行为面试中回答问题的方式来回答这些问题。简单地说，在行为面试中，你回答的是过去你如何处理问题，而在情景式问题中你回答的是如果你被雇用，你将如何应用过去处理问题的方式来处理问题。

面试官偶尔会在假设你被雇用的前提下，问你一些问题。如你首先要做的是哪些事情，或者你认为如何能提高组织的运营水平。当然了，在这种场合下，你仍旧可以以你过去的故事为起点来回答问题。还有一种选择就是你可以讲述你假设的未来可能发生的故事。讲述未来的故事和本书中的其他故事都不一样，因为未来的故事都是虚构的，但是你可以通过讲述未来的故事，告诉雇主你将如何在满足雇主需求和解决雇主问题的过程中承担主要责任。你可以生动地阐述如果你被雇用后会怎么做。

以下是一些典型的问题和相应的回答：

为了明确团队或你个人的愿景，你将采取什么步骤或者什么方法?

我相信，一个优质的团队愿景，源于对组织使命的充分理解。因此，我将采取以下步骤：

第一，回顾一下公司的愿景。

第二，梳理一下思路，确定如何陈述团队愿景，以及如何在公司团队召开会议时对此进行讨论。

第三，召集团队成员开会，讨论我们如何做才能最好地适应公司的需求。接着，一起讨论公司的愿景，并且征求大家对团队愿景的意见和建议。如果团队成员征求我的意见，我将阐述在第二个步骤中我对团队愿景的思考。

第四，会议开完后，我将起草一份“团队愿景陈述书”，可能会在一两名团队成员的帮助下完成。“团队愿景陈述书”初稿完成后，发给团队各个成员，再次征求大家的意见和建议。

第五，根据大家的评价和反馈确定“团队愿景陈述书”的定稿并且将其张贴在团队成员经常能看到的地方。

优秀经理该如何打造团队精神？

最重要的一点就是，任何打造团队精神的计划都应当是切实可行的。我们都经历过像 Office Space 或者 The Office 中的那种办公环境。任何缺乏可行性的东西都没什么实际意义，或者只是走个形式。

一名优秀的经理会通过强化内部沟通，开发共同的目标，把团队成员都凝聚到一起，甚至可以把整个团队的成员都动员起来。在开发团队共同目标的会议上，优秀的经理会让团队成员知道自己在团队成功中担任什么角色。而只有共同努力，相互之间彼此尊重，团队才可以取得真正的成功。

当然，有时团队成员来自不同的部门，各有各的背景。这种情况下，需要团队经理在团队建立的第一天或者团队成员进入的第一天就解决团队精神建设的问题。我曾经在一个团队里待过，当时团队成员分别来自营销部和财务部。经理把我们召集到一起，给我们讲了几个有关某个强劲竞争对手的故事，告诉我们那家公司的财务团队如何像营销团队一样思考，及其营销团队如何注重投资回报。竞争对手的故事让我们明白，大家之间的共同点多余差异，我们能够达成共识，努力协作，成为一个成功的团队。

你对我们的公司有什么建议？

我之前通过几个渠道对贵公司进行过调查和了解，其中包括你们的年报和网站，以及贵公司竞争对手提供的一些资料。我发现处于朝阳产业中的你们有一条非常强大的产品线，统计部门也很得力。我也注意到，你们的竞争对手正在把更多的精力转向婴儿潮期间出生的那一代人，而这个市场对于你们的产品来说有着很大的潜力。我认为，你们应当扩展自己的目标市场范围，通过向婴儿潮出生的那代人的孩子推广你们的Y代产品来扩大你们的市场份额。那些十岁上下的孩子对品牌很敏感，而他们父母的可支配收入也很可观，你们可以在现有客户的基础上，吸引这些孩子和家长购买你们的产品，从而建立高度的顾客忠诚度。事实上，我最近刚刚经过一家商店，看到你们的展示墙和展示的20世纪60年代摇滚明星的T恤。我认为你们的产品应当吸引的是成人，而我看到的是中学生和大学生围着你们的展示激烈地讨论着。我也知道，由于父辈们对披头士、滚石、沙滩男孩的喜爱，我的侄子、侄女们对他们也很感兴趣，至少都有一件你们的产品。

为了快速检索出你的故事，给你的故事起个好题目

为了让客户清楚地说出他们的主要成就，履历作者和求职教练Norine Dagliano鼓励她的客户使用SOAR或STAR流程讲述他们的独特故事。她向客户提出类似下面的问题，以激发客户讲出故事：

- 这份工作的挑战是什么？
- 从你获得该职位（或加入这家公司）后，公司发生了什么变化？

在教授面试相关课程或者进行面试辅导时，Dagliano教客户创建面试清单。她让客户在一张纸上写下一个大大的T字，在T的左边写上“技能”，在T的右边写上“故事”。接下来Dagliano告诉她的客户如何在招聘广告或者工作描述中挑出雇主需要的关键技能。她还让客户审读一下各自的履历，挑出那些他们愿意在面试中通过讲故事突出展现的技能，然后把这些技能写在T字型的左边。

接着，Dagliano让客户想一个故事来证明他们拥有在T字型左边所列的那些技能——再次使用SOAR流程。Dagliano建议客户在他们把故事细节想好后，就立刻给故事起个标题（标题的字数越少越好）。然后把故事标题写在T字型的右边。

“当客户把证明其技能的故事想出来后，他们就能回答针对这个技能的大多数问题了”，Dagliano说，“为了证明这点，我问了客户一些面试中的典型问题和非典型问题，教他们如何运用故事中的元素来回答这些问题。我建议客户在面试的时候带着面试清单，面试过程中随时在上面做笔记”。

Dagliano注意到，人的大脑有一种显著的功能：当人们将一些记忆储存在大脑中时，大脑就会随时确定和这些记忆相关的事情。Dagliano说，她的客户在面试中只要一瞥面试清单，就能想起故事的细节并能如流应对面试。

在面试前先把你的故事写出来

——Katharine Hansen and Randall S. Hansen，Ph. D.

好吧，现在你了解了在求职面试中讲故事的重要性了。你能简要地想一下你打算讲什么故事吗？通过故事来回答面试中的问题，会让你在面试中事半功倍。

根据我们的研究、个人经历，以及针对大学生进行的实例研究，我们确信把面试中要讲的故事写下来，一定会帮助求职者有效地实现以下这些目标：

- 提高求职者在面试中的信心。
- 通过深思熟虑、结构严谨的回答让面试官看到求职者的充分准备。
- 加强回答与问题的相关性。
- 使求职者详尽完整地回答问题。
- 使求职者在面试中有更多的精力关注自己的表达方式。

几年前我们发现，在面试前把面试常见问题的答案写下来对求职者很有帮助。这个结果促使我们建议学生在面试前也这样做。无论在模拟面试还是实际面试中，这种方法都有助于改善学生的表现。为此，我们在两个领域开展研究，来寻找其中的原理。研究结论表明，它是“写中学”理论在求职面试中的具体应用。

准备面试

1998 年，Perry 和 Goldberg 经过研究认为，面试的准备工作很重要，因为在考虑雇用一名毕业生的过程中，毕业生在面试中的表现远比他的教育背景和经验重要得多。由此我们可以推断，对于包括毕业生在内的求职者来说，有备而来参加面试和没有任何准备相比，前者的胜算要高很多。

大部分面试官都认为，很少有求职者能为面试做充分准备。1995 年，Barone 和 Switzer 进一步阐述道，大学生花在学业上和参加职场准备课程的时间超过 4 000 个小时，而每名求职者花在面试准备上的时间平均不超过 1 个小时。当然，专家们对求职者面试准备不充分的原因也有足够的认识：求职者不了解面试中会被问到什么问题，因此他们觉得没法为面试做准备。而职场专家则认为，求职者对面试准备不足的原因是不成立的，因为在一定程度上，至少一部分面试问题是可以预测到的。在很多图书、文章和网站中，你都可以找到面试中常见的问题。例如，

www. quintcareers. com/interview _ question _ database/这个网址有一个面试问题数据库；而 www. quintcareers. com/interview _ question _ collections. html 这个网址上列出了很多面试中常见的问题。

面试专家 Carole Martin 认为，尽管一名面试官在面试中要问的问题，很难被精确地预测到，但“面试成功的不二法则是有备而来”。而作家 Tom Washington 则说，由于大部分求职者不会对面试进行充分的准备，因此那些做了充分准备的少数人会很容易遥遥领先。

所有职业专家都认为，不要去背面试问题的答案，但是应该提前设想一下如何回答可能的面试问题。

在很多地方我们都可以查到面试中常见的问题，因此我们可以通过这些问题推断一下面试官都想了解哪些信息。进一步说，你可以围绕面试中常见的问题，设想一下你愿意向面试官回答什么内容，并思考你应聘的职位需要你具备什么样的特点。然后就可以假设自己正在被面试，根据第二章教给你的知识写一个故事草稿。你可以口头模拟面试应答，也可以实地排练面试。然而，Janet Emig 指出：“和直接说相比，提前把说的内容写下来效果更好。”以下是撰写面试草稿的一些建议：

- 写一篇自传，并明确自己不打算让面试官知道的内容。
- 应用你在校和在职的一些例子来说明你具备的优秀特点。
- 写一些证明你的能力和有关你成功的故事，来实现 30 秒推销你自己的目的。
- 确定大约 30 项成就，把前 12 项写成 100～400 字的故事，并把每个成就所展现的技能单独列出来。

以写促学

为什么写作练习能提高你的面试水平？我们认为这是因为它包含着写作学的原理。在很多人看来，James Britton 是以写促学运动的始祖。他认为，写就是学，因为通过写，人们将已有的知识组织起来，并且是以一种使知识连贯、一致、完整的方式。Janet Emig 则认为，写作将手、眼、脑结合起来，通过对它们进行交替式的强化训练形成了一个强大的多维的学习方式。其他学者在 Janet Emig 提出的“交替式强化训练”的基础上对以写促学进行了更加深入的研究。William Zinsser 写道：“它是整个身体的运动，而不像读那样仅仅是口头表达。”他说：“写需要我们操作某些工具——铅笔、钢笔、打字机、文字处理器，这样我们才能把思想表现在纸上。”

David Joliffe 声称，写的这种运动特性迫使写作者深入剖析他们的思想。Joliffe 说，通过写，当事人“产生创意，参与实质性的过程，进行综合分析……呈现个人观点”。而 Suzanne Cherry 则将写称为“书面思考”。

把面试中要讲的故事写下来能帮助求职者学习并记住一些观点，提高他们的思维和认知能力，有条理地组织思维，提高表达能力，完善个人形象，提高故事和雇主需求之间的相关性。故事是一种便于记忆的表述形式，因为自小我们的神经系统就是通过故事来进行记忆的。

Maurer，Solamon，Andrews 和 Troxtel 经过研究认为，如果求职者能表现出深思熟虑，那么他们就更容易被录用。求职者的认知能力往往预示着他们的工作能力。事实上，它比其他因素更能真切地表现出求职者的工作能力，因为认知能力强意味着胜任工作岗位的能力也强。Huffcutt，Roth 和 McDaniel 则假定，认知能力强的求职者在面对情境性的问题和抽象问题时，表现得都比其他求职者更好。以写促学的原理既可以帮助人们组织思想，提高回答问题的效率，还可以提高人们的沟通能力。

新的研究结果

我们做了一项以写促学方法的研究。参加测试的人员是一个市场营销班的学生，他们大部分来自大三，还有少数大一和大二的学生。我们要求其中的一组学生写出 20 个常见面试问题的答案。当地的一名人力资源管理专家作为面试招聘官对每名学生的表现打分。我们告诉他如何填写评分表，但是并没有告诉他哪组学生事先对常见的面试问题进行了书面准备，哪组没有。结果表明，事先经过书面准备的那组学生的面试分数比没准备的学生高。尽管从统计学上讲，两个组的差距并不是特别大，但至少说明了一种倾向。

根据研究表现出的倾向，以及之前学者们对以写促面试原理的论述，我们确信，书面准备和面试成功之间存在着一定的联系。我们坚信，求职者如果能对常见的面试问题进行书面准备，将会在面试中更加自信，可以一边从容地用简洁的故事回答问题，一边充分展现自己的优点。

小结

在面试中用讲故事的方式回答问题成为求职者充分展现自己最自然的方式。在回答行为面试问题时，讲故事这种方式最有效，求职者可以使用我们在本章介绍的情境—行为—结果模式来讲故事。然而，对于传统的、情境性的、未来假设性的问题以及是非问题，讲故事也不失为一种不错的回答方式。本章涵盖了回答各种面试问题的大量故事范例。

第八章　讲个好故事，树个好品牌

在职场中进行自我推销时，树立个人品牌成为一个新的趋势。人们将个人品牌定义为能展现个人独特价值的形象、声望、人脉、价值观以及专业知识。职业开发网站 Quintessential Careers 的主办人 Randall Hansen 写道："树立品牌是将个人的有形和无形特征结合起来，所谓树立品牌就是针对预期的结果开发你的形象。"

品牌（涉及个人时被称为个人品牌）对于职业发展很重要，因为通过树立个人品牌，你会对自己有清楚的定义，展现出你是如何取得突出业绩的，陈述雇主雇用你的理由。树立品牌意味着打出你的名气，显示出你超越其他人的方面，描述你对组织有多大的价值。你的品牌告诉雇主，你对他有怎样的重要程度。

大多数求职者不急于建立并塑造自身的职业品牌，他们希望在争取升迁或换工作时，用自己的行为说话。但是你可以采取一些策略，树立个人品牌，让雇主更青睐于你。在本书的简介中 Annette Simmons 说，当人们在考虑你是谁的时候，如果你不给他们一个正面的回答，他们往往会自己下个结论，而这个结论经常是负面的。在个人品牌方面也是这样，如果你不推销自己，别人就会凭借自己的假想来评价你。

管理达人 Tom Peters 在高低 *The Brand You 50* 一书中说道："无论年龄大小，无论地位高低，无论我们在什么行业工作，我们都需要自身的品牌，我们都是自己的 CEO。"他还说："你不能被你的职位和工作职责所限定。"

树立品牌，尤其是个人品牌，主要靠讲故事，如果你的故事独一无二，那么你的品牌就更具竞争力。"当你学会用独特的语言讲述自己的故事时，你就可以用别人无法复制的方式来表达你的价值。" Chris Hiliki 在 *May I Have Your Attention, Please?* 一书中如是说。

营销类畅销书 *Purple Cow*，*The Big Moo*，*All Marketers Are Liars* 的作者 Seth Godin 说，在一定程度上，大多数人都是推销员，而不讲故事就没法推销。他写道："要么靠讲故事打动别人，要么就别推销自己。"组织性故事专家 Steve Denning 称，"叙述是树立品牌的核心要义"。他还用"靠故事推销的产品"来指代求职者。

讲好你的品牌故事可以加深人们对你的认识，让你成为一个大家渴望雇用的人。与此同时，加深人们对你的认识，还可以帮助你进一步搭建自己的人脉。在这个信息化时代，成功不仅取决于你认识谁，还取决于谁认识你并了解你的故事。

Reach Branding 俱乐部的创立合伙人 William Arruda 写道："个人品牌需要差异化，它意味着使你能鹤立鸡群。有成千上万的人在和你竞争一个职位或者争取一个客户，树立个人品牌让你强调你独特的价值所在，从而帮助你领先于其他人。"

在故事的基础上写好你的品牌声明

要着手树立个人品牌，一个比较有效的方式是写一个简明的品牌声明，总结一下你的价值所在。Tom Peters 建议，品牌声明不要超过 8 个单词。而 William Arruda 和 Kristin Dixson 则建议用一句话陈述品牌声明，他们两人写了一个有关树立个人品牌的工作手册，可以在 www. careerdistinction. com/workbook/这个网址上免费下载。同时他们还是 *Career Distinction* 一书的作者。品牌声明元素将指引你进行接下来的品牌树立活动，也可以在个人履历、个人网站和博客等媒介中得到体现。*Brand Yourself* 的作者 David Andrusia 和 Rick Haskins 列了一个树立个人品牌的简单公式：

技能＋个性/热情＋市场需求＝品牌声明

这是个很管用的公式，不过你也可以针对其中的一两个点展开故事的讲述。换言之，你可以讲那些有助于你树立品牌的故事。

为什么需要做个人品牌声明，还要用故事来充实？*May I Have Your Attention，Please*？一书的作者 Chris Hilicki 很肯定地说："如果你在自身经验的基础上打造了个人品牌，那就做了这个世界上别人都不能为你做的事情。你的真实故事显示了你独一无二的价值，是你个人品牌最坚实的基础。"

练习和范例

什么样的故事是树立个人品牌时必须要讲的呢？请做这个练习：花一分钟谈一下你的优点是什么，并写下来。你认为自己是哪个领域的专家？理想情况下，你是某个专业领域的专家，如果不是的话，特别擅长的爱好和兴趣也可以。现在，请通过故事来讲一讲你在该领域的特长之处，或者你的专业特长是如何改变了他人的生活的。请注意，个人品牌声明通常是用第三人称写的。

下面是我的搭档 Randall Hansen 塑造他作为大学教授的个人品牌的例子。

个人品牌声明：Randall Hansen 是致力于帮助学生获得成功的教育家。

这个声明背后的故事：教育可不是简单地讲课，它并不是描述事情的步骤或者程序，而是打开人的心灵，让他们知道如何去学习。这就是我倾尽全力在做的事情。教育能帮助无助者或者迷失的人摆脱困境。例如，我的一名大四毕业生找工作时遇到重重困难。尽管他知道求职的本质是什么，但是还是被它带来的压力击垮了。我不需要告诉他找到工作的方法是什么，也不需要替他撰写或者修改履历。我让他头脑冷静下来，寻找一份真正适合自己的工作。由于我单独对他进行辅导，在他需要的时候指点、帮助他，他找到了几条招聘线索并且努力跟进，最终得到了一个最适合他的工作。由于这个工作是靠他自己找到的，他不仅能够走上这个工作岗位，充满信心地发挥技能和能力，推动自己的职业发展，而且在未来需要找工作时会更加驾轻就熟。

如果上面这个例子对你的启发还不够，那么考虑一下 Hilicki 的要求：用 300 字写一个自传。而另一个练习是 Hilicki 给业务教练 Scott Jeffrey 支的招：假想你的生命只剩 24 个小时了，你想给这个世界留下什么话？你想把这些话说给谁听？Hilicki 相信，最好的品牌都源自经过精心挑选、分析和编写的故事。

你可以讲的几类基本故事

- 证明你对听众（大多数情况下是雇主和客户）需求的理解和相关经历的故事。
- 展示你完全能符合听众要求的故事。
- 证明你对本专业充满热情的故事。
- 证明你之前的听众对你很满意，尊重你，信任你，对你赞不绝口的故事。
- 证明你的同盟和伙伴支持你的故事。
- 说明你的生活或职业中反复出现的模式的故事，并解释这种模式意味着什么。
- 证明你在本专业有着光辉的从业历史的故事。
- 讲述你曾改变你的同事或者你所在公司的故事。
- 讲述你曾经帮助你的同事或者你所在的公司取得成功的故事。
- 讲述你提出的开创性想法的故事。
- 讲述人们需要你的技术或专业知识的故事。

- 讲述你的工作是如何发展并提高的故事。
- 讲述你得到的奖励、荣誉、证书以及其他能证明你价值所在的故事。
- 讲述为了提升对听众的价值，你不断追求继续教育和职业发展的故事。
- 讲述你的志愿者经历或者慈善故事，表明你热爱的事情。
- 讲述有关你的道德观和价值观的故事。

故事性品牌声明的范例

以下是给大学生上课时用的一个品牌声明：

品牌声明： Katharine Hansen 是一名教师，她致力于为她所处的群体营造一个积极、热情的学习氛围。她通过传授专业知识引导和帮助学生学习，但同时她本人也在这个过程中不断学习和提高。她最大的职业自豪感源自她在讲师岗位上坚持不懈地学习、成长和提高。

品牌声明背后的故事： 在我担任老师的第一个学期，我表现得一塌糊涂，我只会站在学生面前照着讲义念。而我的学生 Ted 却在我的糟糕表现中发现了我的优点。我本来应该离开讲台，不再当老师的，但是 Ted 对我的信心给了我坚持下去的勇气。每个学期我的教学方式都会有所改善，到现在学生们都很喜欢并尊重我（接下来解释她的表现是如何改善和提高的）。

更多的范例：

品牌声明： Amy Addison 是一名正处于职业上升期的公共关系专家。他坚持不懈地追求继续教育，直到拿下所有的资质证书。

品牌声明背后的故事： 为了顺利取得公共关系学位，我参加了一个有关商业沟通的自学项目。我还在为获取证书而复习市场营销、财务分析、经济学课程的笔记，这样我就可以免去一些课程的考试，以尽早毕业，为我供职的公关代理机构和客户做出贡献（进一步证明为了提升对听众的价值，不断地接受继续教育和规划职业发展）。

品牌声明： Frank Jameson 是名营销专家，他善于创造性地提高盈利水平来解决营销问题。

品牌声明背后的故事： 如果拿一个营销问题让我解决，我会设计出一个或多个解决方案，最终满足组织的盈利目标，提高利益相关方的满意度。例如，在纳贝斯克饼干公司做营销经理时，我接管了一个正在走下坡路的曲奇和薄脆饼干的生产部门。这个部门的产品市场份额不断缩减，上架率一直在下滑，一年之内，它失去了在产品目录上的重要地位。销量和利润的下滑是营销推广员、销售职员和渠道合作方三方共同造成的结果。我带领着营销部门制定了一个切实可行的方案，激发了渠道合作方的兴趣。这个方案的内容包括：更新旗舰产品的陈旧包装，在不同类别的产品中做一个多方位的促销战略，重新设计产品在线展示的网页，拓宽客户接触产品的路径，以及加强与渠道合作方的联系，确保店面客流量和销量。这个方案实施后，客户对我们产品的忠诚度大大提高了，客户群的规模也扩大了，销售部的士气日益高涨，渠道合作方的热情与日俱增，高层管理人员和公司股东都对我们赞扬有加，因为我们的品牌形象再次大放光彩，销量和利润都有了显著提升（还可以说明他是如何改变他人或他所在公司的）。

对于打算改行的人来说：

品牌声明：Tricia Turkelson 是一名特教老师。她沉稳、严谨、耐心的品格能够帮助孩子们适应学校之外的生活。她认为对残障儿童的服务应做到尽善尽美。她成熟睿智、生活经验丰富，对新的职业目标有清晰的认识：改变残障儿童的生活。

品牌声明背后的故事：在特教行业实习时，我曾带过一个有心理疾病的学生。他缺乏社交技能。我每周要对他进行三次辅导，鼓励他加入其他学生的团队。最终他鼓起勇气申请成为团队的一员。在返校之前，为了成为一名合格的特教老师，我一直在不断地磨砺自己的人际沟通技能。15 年的管理生涯让我具备了耐心和很强的沟通能力，这会帮助我在特教领域获得成功。

一旦你已经打出了自己的品牌，在职场推销自己的时候一定要坚持使用这个品牌。你可以在履历中强调自己的品牌（这种情况下使用第一人称的效果要比第三人称好），可以在网络版或者打印版职业档案中使用，也可以在个人博客、名片等媒介上突出显示。你还可以通过以下方式提高你的个人品牌知名度：在媒体展示你的专业技能，在公共场合发言，在专业组织中频繁露面，在学院或者大学兼职讲师或咨询师，撰写并发表文章，成为咨询委员会或董事会的一员等。

树立个人品牌，“在谷歌中有迹可循”，通过在线讲述故事展现自己

在第六章我们讲到，现在越来越多的雇主通过网络搜索引擎，寻找应聘者，进一步了解候选人。你越来越需要在网络世界树立你的个人形象。要想知道这有多重

要，请看一下 *Business Week* 吧。该刊的一篇报道声称，87%的招聘官通过 Google 或社交网络（如 LinkedIn）来决定是否雇用某位候选人。对于招聘官而言，Google 这个搜索引擎非常重要，招聘官们举办相关的培训班，撰写指南手册，并与董事会讨论如何使用 Google 进行外部搜索确定人选。“企业高层都希望候选人能有 LindedIn 档案，能在谷歌上有迹可循”，CEO 培训官 Deborah Wile Dib 说，“没有这些对求职者很不利”。公司生产力研究院在 2007 年做的一项研究表明，65%的商业专业人士都通过私人或者专业的网络建立联系，35%的商业人士通过网络来找工作。

你要记住，雇主和招聘官并不仅仅看能否在谷歌上查得到你——在谷歌中输入你的名字能查到多少条记录，他们还看中你在网络上的形象如何。也就是说，你要慎重公布你在网络上的档案。互联网是一个非常开放的媒介，没准你留在网络空间里的什么信息就会为你抹黑。*Business Week* 经过调查后发现，35%的雇主会根据网络上的信息来筛选候选人。

你可以通过多条网络渠道树立个人品牌，增加你的网络表现。但这并不意味着，只要在网络上尽量多地表现就好了。更重要的是你在网络上表现的内容，尤其是用来树立个人品牌的故事的内容。Dib 说：“公司和招聘官都希望通过网络招募到热情、积极、与众不同、能为公司创造价值的人。”他们在找最合适的人，那些值得信赖、充满激情和勇气的人。

怎样才能让你的引人注目的故事显得更真实呢？你可以通过下面的媒介在网络上树立自己的个人品牌。

社交/商业网络及微博

很多招聘官和求职者通过在线的商业和社交网络建立联系，排在前 3 名的是：

• LinkedIn（www. linkedin. com），大约有 2 500 万注册用户，是三者中商业氛围最浓的网络，用户的平均年龄是 39 岁。

• MySpace（www. myspace. com/），大约有 1. 14 亿注册用户，是三者中社交性最强的网络，目前注册数量还在上升，用户的平均年龄是 25 岁。

• Facebook（www. facebook. com），大约有 1. 24 亿注册用户，介于商业网络和社交网络之间，在大学生和毕业生中很受追捧，正受到越来越多的 25 岁以上的人的青睐。

除了以上 3 条网络渠道外，招聘官们还会使用人物搜索引擎 ZoomInfo

（www. zoominfo. com/），通过这些渠道，他们可以了解候选人的各种信息，以及还有哪些人认识候选人。以上介绍的社交网络以及其他社交网络正在经历爆发式的增长。维基百科列出了 100 多个社交网站，而这些仅仅是“知名”的社交网站。不仅招聘官通过社交网络招聘员工，一些求职者也通过社交网络寻找工作。另外，微博也成为日益流行的一种社交媒介，比如，Twitter（http：// twitter. com/）就要求用户用不超过 140 个字讲述自己正在经历的事情。

招聘人员通过社交网络招聘到的员工只占一小部分，但是关于电子招聘交易，Kevin Wheeler 认为：招聘正在从找到并筛选雇员迅速转变为吸引雇员，与他们保持联系，向他们出售一个职业。社交网络正在推动这一变革。

大部分社交网络都有一个好处，就是它能让人们在网络上建立自己的档案，你正好可以借助这个机会来讲述自己的品牌故事。要把你的故事讲得活灵活现，真正展现你的个性。

Raconteur 公司的 Jim Randall（www. raconteur. ca/）描述了他给客户设计的一个在网站上构造个人故事的简单步骤。接下来的内容可以帮助你在网站上讲述自己的故事：

- **你是谁**：用你真实的话语来回答这个问题。有关材料可以从第一章“典型的你之故事”部分找到。
- **你是做什么的**：Dib 说，回答这个问题之前，好好想想自己能为雇主带来哪些不同的贡献。如果没有你的参与，雇主会得到哪些不利的后果？
- **你是如何工作的**：讲一些故事，可能的话，提供一些数据来证明你的效率。
- **你想成为什么**：用语言描述你的潜力。
- **你的价值所在**：将你的品牌声明融入你的故事。
- **你的承诺**：表达你对所从事工作的热情。

下面是一些社交网站上一些优秀的个人档案，提供了档案主人的一些故事（在 LinkedIn 上注册，就会看到这些故事）。Deb Dib 在 JobHunt. org 的 LikedIn 的一篇文章里提到了这些故事（www. job－hunt. org/executive－job －search/linkedin－for－executives. shtml）：

- Jason Alba：www. linkedin. com/in/jasonalba
- Paul Mullen：www. linkedin. com/in/paulmullenceo
- Meg Guiseppi：www. linkedin. com/in/megguiseppi

- Mark Beckford：www. linkedin. com/in/mbeckford
- Paul Copcutt：www. linkedin. com/in/paulcopcutt
- Deb Dib：www. linkedin. com/in/debdib

博客

过去的求职者一般通过履历来构造自己的职业身份，甚至有人将打印版履历进行分发。而现在，这就显得微不足道了。自千禧年之后，求职者塑造自己职业身份的方式越来越灵活，越来越多的人用类似博客这样的形式向全世界的人们展现自己的职业形象。而招聘官也在接受这种转变。博客正在取代履历，或者和履历一起展现求职者的形象。Sarah E. Needleman 在 Career Journal 的网站上发表了一篇文章，他说，沃尔玛的招聘经理 Ryan Loken 已经通过阅读博客为公司招募了 125 名员工了。

互联网咨询师 Michael Heraghty 和 Gerald Adams 将博客称作“最好的网络叙事形式”。他们还认为，它已经成为讲故事的工具，每个人都可以通过定期发布信息在这里展现自己，也可以在这里写自传，或者做一个“关于我”的页面。在下述链接中可以找到参考范例：

- Rich Page：http：//rich－page. com/about/
- “nahliz：”http：//nahliz. blogspot. com/search/label/hire

Margaret Stead 在 *Blogging for Beginners* 一书中写道：“当你清楚地认识了自己，明白自己想做什么时，你就可以把你的故事讲给全世界听，吸引那些你愿意与之共事的人，使用他们能理解和接受的语言，销售你的未来。”

以下是一些在网络上树立很好的个人品牌或商业品牌的例子：

- 职业影响战略家 Lydia C. Fernandes 在以她的名字命名的个人网站（http：//lydia. c. fernandes. googlepages. com/）上称，她的故事目前仍是对外公开的。
- 社交网络、网络营销和新媒体专家 Jennifer Goodwin 在 ThatJenGirl 网站（www. thajengirl. com）上讲述自己的品牌故事，她说自己对两件事充满热情：在网上赚钱，成为绿色、环保、全面的人（她也愿意带动别人成为这样的人）。
- “首席幸福官”Tina Su 在她的网站 Think Simple Now（http：//thinksimplenow. com/）上称，自己“放弃了高薪工作来追求爱好，将全身心投入在研究人的转变、满足、健康生活和潜力上”。
- 一些专门揭露医学界真相的企业家，如 *The Joy of Diabetes* 的作者 Bob

Hawkinson 在其网站上讲："很幸运，1963 年我就被诊断为糖尿病患者，从那时到现在它都没让我感到害怕过……是的，真的是这样。" Trisha Torrey 自从发现自己被误诊为癌症患者后，就开始公开对癌症患者表示支持（通过她的个人网站 www. everypatientadvocate. com/）。

• 年轻的创业者们很早就懂得在网络上树立个人品牌。如 Lily Capehart 就在 Lizard－Ville（www. lizard-ville. com/）这个网站上讲述自己的故事。Lily 在故事中说，她发现自己在 10 岁的时候就可以对蜥蜴施催眠术，让蜥蜴变成各种各样的颜色或者摆小造型。而 Jason O' Neill 在他的 Pencil Bugs 的网站（www. pencilbugs. com）上声称："9 岁时，我想做一个可以在手工艺品展会上卖掉的产品……我开始琢磨如何让写作业变得更有趣。这就是我制作铅笔臭虫的最初想法。"

• 喜剧演员和幽默作家在网络上往往喜欢进行自我嘲讽，如 Chad Riden 在他的个人网站 www. chadriden. com/和 Ben Rosenfeld 在他的个人网站 www. bigben-comedy. com 上所表现的那样。Ben 在个人网站上说："Ben 是个极端自私的人，他甚至舍不得让自己的车灯给别人照明。当他又一次在唱卡拉 OK 被喝倒彩后，他认识到，自己只有两个选择：要么继续站着表演，要么打网球——可是他喝得醉醺醺的，没法打网球。"

在第六章，我们谈到过一些网络职业档案做得比较好的例子。在 http://brandego. com/gallery. php 这个网址，有更高水平的档案——在博客中讲述个人品牌故事的档案。

我们应当把"基于故事的个人品牌树立"作为推动职业发展的核心要义，在履历、求职信、职业档案、面试回答、职场以及所有可以推销自己的场合中，坚持不断地贯穿个人品牌的元素。要用故事支撑品牌，用品牌支撑故事。

小结

树立个人品牌在求职中越来越重要。你需要先起草个人品牌声明，用具体的故事来丰富它，这样才能让雇主认识到你的价值。接下来你可以在网络上树立个人品牌，让雇主能够通过社交网络（如 LinkedIn 和 Facebook）以及博客，甚至你的个人网站或者网络职业档案找到你。

第三部分
事业不断，故事不断

第九章　任职期间，用讲故事推动职业发展

到目前为止，这本书阐述的都是如何通过讲故事找到工作。而这一章将介绍如何在任职期间讲故事并推动职业发展。在接下来的内容中，你将看到，用故事说明你具备很强的适应力将有利于促进你的职业发展，而用故事说明你具备推进和协调变革的能力对你的职业发展将更有利。Peg Neuhauser 写道："如果一家公司的目标是更灵活地适应变革，那么这个公司里的人所需要做的就是直面变革，并讲述相关的故事。"

讲述推动变革的故事能使你在职场得到持续不断的发展。当你想得到提拔或者换工作时，你需要讲述自己是如何通过沟通来推动变革的。你还可以通过讲故事让听众觉得这样的改变很合理，你能应对它所带来的压力。

那些引领和促进公司产生变革的故事

近些年，越来越多的学术实践者著书撰文，倡导在公司讲述故事——包括那些促进公司变革的故事。其中，Stephen Denning 在他的 2001 年的作品 *The Springboard*，2007 年的作品集 *The Secret Language of Leadership*，2005 年的作品 *Leader's Guide to Storytelling* 以及 2004 年的作品 *Squirrel，Inc.* 中，均采用讲故事的形式，探讨讲故事是如何促进公司变革的。Denning 讲述了 8 种在公司里讲故事的形式，其中包括"引燃行动的故事""引领人们走向未来的故事"，还有引发公司变革的"跳板故事"。

Lori Silverman 在她 2006 年出版的 *Wake Me When the Data Is Over* 一书的各个章节里，讲述了很多善于在公司日常工作（例如财务管理、高层管理以及项目管理工作）中讲故事的专家的例子，这些专家们讲的故事推动了他们所在公司的变革。

Denning 断言，故事比图形、表格和点句展现的机械式分析更有效。在 *The Springboard* 一书中，Denning 列举了若干个他自己通过讲故事，帮助个人或公司转变的例子：

因为故事可以让人看到公司里活生生的现实，所以它能够强有力地推动公司的变革。通过故事，讲述者可以阐述复杂的变革思路，产生快速实现变革需要的动力，使公司实现自我改造。通过讲故事可以深入公司每个人的内心，在对公司进行创建和再造的过程中，影响公司中每个人的所思、所虑、所盼、所痛、所梦。通过讲故事，公司中的每一员都能对自身有更明确的认识，从另外的角度看待公司，并依据在这个过程中的新看法、思路等做出决策，调整行为。

Robert Dickman 在某学术期刊上发表的文章中认为，由于故事是所有文化都认可的表达方式，所以它能够有效地促成变革。Carl Rhodes 在 *The Qualitative Report* 中说道："你也可以改变故事，促使公司再生。"

关于在公司中通过故事来促进变革的例子比比皆是。两名研究人员 Charlene Collison 和 Alexander Mackenzie 在他们提交的一份报告中声称，英国大部分公共事业部门在一定程度上都通过讲故事，让员工认识新的方向和职业发展机会。而 Brian Brittain，John Swain 和 Janice Simpson 在 *Ivey Business Journal Online* 中说，某家公司的 CEO 通过讲故事让员工知道自己能够理解他们对行业技术变化的真实感受。他说，他知道新的技术变化给大家带来的压力，但是他同样用故事向员工描述了如果公司适应行业技术变化会给大家带来什么样的前景，让大家畅想未来，支持科技变革。Nancy Breuer 在 *Workforce* 杂志上发表文章说，有一家连锁旅店打算在 2 年内开设 200 家新的分店，规模的快速扩大给总店带来了巨大的挑战。而通过讲故事，大量新雇员们很快地适应了总店的变革文化。

研究人员 Michael Humphreys 和 Andrew D. Brown 认为，如果通过讲故事告诉听众会发生什么样的变化，那么听众会把这个故事贴近自己想象中设定的变化。下面的几个例子详细说明了这个道理：

某所大学的基础设施破败不堪，环境很差，校董会死气沉沉。而这所大学的一名教授却用完全不同的口吻，向同事描述他的母校。他这样说道：

最近，我参加了我的母校 Eckerd College 的校友聚会。我的母校是一所社科类院校，建于 1958 年，有大约 1 700 名学生。3 年前，校长 Donald R. Eastman 就任。他在上任后的第一次校友团聚活动上，公布了一项修复校园的计划，拟修复学校里几乎所有楼龄超过 30 年的宿舍和教学楼，同时还要在校园内禁车。

3 年来，校园景观发生了很大的改观。原先的湿地和排水不畅的区域都挖掘了小池塘，吸引了大量的水鸟和水生植物。在原先沙刺丛生的地区，学校修建了一个世界水准的足球场和名为“南岸”的学生娱乐区域。在那里，你可以晒日光浴，打排球，观看其他同学划皮艇或者驾船。那里树木丛生，灌木茂盛，鲜花遍野。

而校方还在校园周边专门设置了一个新生停车区，这是校园停车计划的第一步。

3 年来，校方还修建了一个新的图书馆，新的宿舍楼；第二栋新的宿舍楼已经动工，很快就要竣工了。接下来校方还要整修现有的宿舍楼（每楼大约住 34 名学生）。下个学期，首先要整修的就是科学学院的宿舍楼，整个项目预算大约 2 000 万美元。

很多年来，学校能够筹集到的捐赠资金一直稳定在 2 500 万～3 000 万美元之间。而现任校长并没有任何拓宽捐赠渠道的计划。

我认为，学校现在的管理层应积极主动地寻找问题，采取切实有效的方法解决问题，并成功地落实解决问题所需要的资金。

一位言语病理学家给年轻的同事们讲他是如何看待转诊病人的：

我想，在学校接受的教育和你们的日常工作相差很大。当我第一次接触头部受到重创的病人时就认识到这点了。看到像你们这么大的人由于在机动车事故中受伤，从此无法再进食，无法再走路，无法再说话，而且在接下来的 50 年会像植物人一样活着，是件多么痛心的事。但是你们也可以看到非常坚强地活着的病人。我有一名患者，先天没有下颌。这个小姑娘来自一个十分美丽可爱的小镇，她的老师对她很耐心，父亲是个整天乐呵呵的人，她本人也朝气蓬勃。在我看来，每天她都情绪饱满。她靠语音板来说话。我们打算教她的爸爸也学会使用语音板。我对自己的工作乐此不疲，也变得更加乐观和坚强。我想，也许有的人会知难而退，但对我而言，希望无处不在，坚忍不拔的人也比比皆是。

一名 IT 经理手下有 10 名技术员，他们需要 24 小时随时待命，这让大家感到不满。而这名经理传授自己在来这个公司前也承受过 24 小时随时待命的巨大压力，分享了他消除压力的经验。通过讲故事，这名经理让下属知道，自己很想改善大家的状况：

我带的上一个团队和你们的情况差不多，我带他们的时候，他们也正面临着和你们一样的苦恼。他们的工作很乏味，耗时很长，每天 24 小时随时待命，一接到报修电话，就得赶去为客户解决电信故障。带他们的第一天，我就把大家召集到一起开了个会，就像现在咱们在开的这个会一样，我们一起分析大家的问题出在哪里。我先组织了集体谈话，之后又逐一进行了个别谈话。我发现，和你们一样，他们最大的问题出现在当值的那一班上。每次值班表都是一周的。每隔一周，值班表就会调整一下，因为有些人需要调整。

我制定了一个全年的值班表。我唯一规定就是，如果有人想调整班次，那么他需要提前和另外的同事协商好。因此，我不再是负责调整值班表的那个人，而是让团队成员们自己解决调换班次的问题。当然了，这样做也让一些人产生了不满，因为有些人可能提前 6 个月就得知圣诞夜自己得值班。但好处是，他们提前 6 个月就能知道，所以能提前做好安排——我相信他们能做到这点，因为这是他们的职责。

我还想办法让工作氛围变得更加愉快。我在办公场所设置了一个轻击区，并且创设了一个“击打产品”的游戏。员工们可以说明自己想获得的一个物件，无论是价值 2 美元的接插线，还是价值 50 000 美元的物件。每个人可以免费击打 3 次。如果他们能够击中事先想要的物件，就可以把它拿走。如果三次都击不中，就得为我们的糖果基金里放 1 美元，然后继续击打。当然他们也可以选择不击打，雇一个擅长高尔夫的人来替他们击打。办公室里有一名员工高尔夫打得很不错，好几次，其他员工都花 1 美元雇他替自己击打第一轮。我还促进了同事之间的沟通和交流。在主要办公区的外面，我开设了一个完全公开的区域来展示团队成员的工作成就，这样大家就能加强彼此之间的了解了。到月底的时候，我会把大家的成就都展示出来，得到同事认可最多的那个人能获奖，奖品是下一个月的电影票或者优惠券。这些奖品还可以拿去和别人交换，但是这就像“我们做个交易吧”，你事先无法知道你能用这些奖品交换回来什么。运气好的话，能交换到闹钟或者手表之类的东西；运气不好的话，就只能交换到类似恶作剧礼物或者铅笔了。

整个团队还要为获奖者以及大家选出的另外 3 名业绩优秀的同事做一顿丰盛的早饭，包括煎蛋和饼。

所以，那样的工作氛围实在是太好了，我们总是在创新，工作情绪一直很饱满。团队在面对各种挑战时变得越来越从容。游戏和放松减轻了随时待命所造成的压力。

通过讲故事让自己升职

就像讲故事可以帮助你找到工作一样，它同样可以帮助你在公司里获得提升。Neuhauser 认为，雇主愿意“奖励并提拔”那些能证明自己可以应对变化的人。如果你想在公司得到提升，你得学会在公司里搜集故事素材。

把你所做的有利于公司提高收入的所有事情都记录下来，在公司中或者你自己的部门中表现得积极主动一些，要让老板知道你的忠诚和勤奋。当然了，正如在第二章中强调过的一样，你的记录要能证明你如何在组织内部引导、促进和适应变革。

记录你的成就

在开始一份新工作的时候，就要时刻牢记随时记录工作成就。在电脑中用文本或者索引卡片做一个故事日志，也可以用自己的手持设备来完成这项工作。要随时注意搜集和记录你的成就，这点很重要。因为时过境迁，大多数人很难回忆起他们所有的成就。到了关键时刻，比如说有了提拔晋升的机会时，那些没有做充分记录的人甚至都不确信自己是否有值得拿出来展示的成就。如果想在职场上得到提拔，就必须要站在高于日常工作的角度来清晰地表达出自己有什么样的成就。

当你第一次向雇主展示你的资质或者寻求提拔时，成就就是那些能吸引雇主注意力的点，它远远超出日常工作职责的吸引力。职业咨询师 Michelle Watson 在面试中使用 Quintessential Careers 时表示，“雇主想听到成功的故事”。他们想知道你善于解决问题，勇于行动，能够带动他人，能为公司创造价值，提供创意。尽管很多时候，提拔的决定并不是完全根据当事人过去的工作业绩来做出的，但是如果能讲好你在公司里取得成功的故事，还是有助于你获得提拔的。能讲好故事的人总是要领先一步的。

用故事的形式表达你的成就，本书中讲的多数故事模板都可以供你参考。你所讲的打动人心的故事会给负责提拔的经理留下深刻的印象，而那些不善于讲故事的人会失去这样的表现机会。相对于只是罗列成就或者不知道自己有什么成就的对手来说，生动的故事可以让你更自信、更有说服力也更令人信服。决策人员通过这些故事会对你有更深入的了解，进而信任你。故事还可以促进你和决策者之间的感情互动，使得他们愿意助你一臂之力。

通过头脑风暴回忆成就故事

如果你没有随时记录自己的成就，那么请按照下述提示，快速回忆你所取得的成就。要讲述那些能显示你比竞争对手更优秀的成就故事。

- 你所做过的什么事情使你胜过对手一筹？你如何让自己的业绩超出对手？
- 你如何做自己的工作？

• 你是如何采取行动的？为了做好工作，你是如何突破工作职责局限的？

• 在工作中，你对自己最感到骄傲的是什么？

• 你解决了什么问题？

• 你是如何将证明成就的事实加入故事的：例如，每年的年终小结、同事的热情评价、客户的表扬信、你的个人出版物、你独自开发的产品，以及你自己写的程序等。

• 讲故事的时候也可以考虑使用“PEP（盈利率、效率和生产率）模板”。你是如何提高盈利率的（如提高你的销售增长率）？你是如何提高效率的（如降低你的成本消耗率）？你是如何提高生产率的（如成功激励团队提高业绩）？

年少的时候，长辈、老师们都教导我们谦虚是美德，但是如果没有人知道你有多棒，你就会永远停滞不前。要让别人知道你。用你成功的故事推销自己，让决策者知道你在追求进步。要定期地发送电子邮件告诉你的老板你有什么样的成就，以及在正式或者非正式的场合讲述你的故事。如果你不能经常见到上司，尤其是你只能与上司通通电话，或者你和上司不在一个办公地点工作的时候，要用这些故事来让上司知道你的存在，听到你的声音。

以下是能帮助当事人晋升的故事范例：

在我的帮助下，人力资源管理部门从事务性的工作方式转变为发展性的、积极的工作方式。早些时候，业绩问题不断涌现，本应及时解决却一直没有得到解决。显然，人力资源部门需要以发展的眼光，更加积极地投入工作中，以使人力资源管理部门的工作水平进一步提高，并且通过设计系统、流程和工具，让各部门经理明确各自在人力资源管理中的功能和职责来提高他们的管理能力。我安排每月与部门主管和助理进行一次碰头会议，这对于解决正在发生的问题很有帮助。通过碰头会，各部门管理人员承诺进一步提高质量监管水平，从而改善了整个组织的效率，各种问题也得到了积极的解决。

在一个3年计划即将完成之时，我的主管休病假了。为了尽快完成这个计划，我不得不加快速度。与此同时，我还得做数据汇报，管理为我们服务的代理机构，还要核实支出报告的准确性。我只能迅速处理这么多项工作，尽快弄明白哪家代理为我们提供哪些服务，如何优化资源配置等事项。主管一共休了12周的病假，在此期间由我安排工作，虽然我会时不时地给主管打电话征求意见和建议，但是我亲自组织和举办了本部门会议，为其他部门的会议提供了支持，随访了代理机构，整体协调了对代理机构的监管，控制了各种报告的进度，与代理机构保持了良好关系。主管休假期间，我出乎意料地协调处理好了多项事务，同时完成了两个职位的工作。

通过讲故事应对变革带来的压力

2006年7月，某期*Business Week*的封面文章是有关公司的错误和失误的。在文中，作者Jena McGregor讲述了很多人如何解决工作中差错问题的故事。他说："如果雇员听到上司承认自己的过错，那么雇员会更愿意谈论自己的过错。"那篇文章里有一些花絮，是高管自己谈论自己所犯的错误的。随着错误造成的变革进展，错误本身当然可以成为一个很好的学习机会，就像下面这个例子中讲的那样：

进入这家公司两年后，我们需要推行一个24小时，365天随时待命的流程。这个流程需要我们一年到头不间断地支持总公司在世界各地运行的软件。我们有4个国际中心：3个在美国，1个在欧洲。公司要求我们按照时区来工作。当东岸的工作时间结束之时，中西部开始工作；当中西部的工作时间结束之时，西岸开始工作。开始这个流程运行得并不顺畅。由于工作量在不断地加大，各种工作任务难以按时完成。当一项工作结束时，总有一些新员工着手处理这项工作，他们要从零开始学习相关知识，于是推迟了解决问题的时间。我们积压的相关问题高达10 000多项。毫不夸张地说，我们变成了一个确保工作顺利进行下去的呼叫中心。为了扭转局面，让工作回到正常轨道上来，我们回到了原本的工作重点：满足顾客的需求。但是现在我们是在一个全球化的背景下工作，时区轮换问题把本来很容易的事情搞得十分复杂。我必须说服我的团队来适应这种变化，否则就会违背公司的初衷。但是这让我很沮丧，因为大家的反对意见很强烈——工程师们的工作量急速增加，所以他们难免对此有意见。当然我也可以给团队施加压力，但是他们会说："怎么回事？我不干了！什么烂工作！"

作为经理，我完全可以灵活处理一下，假装视而不见。但是，我很认真地处理好了这个问题。我激发了团队的工作斗志，让他们觉得直面变革的感觉挺好的，并不像他们一开始想象得那样麻烦。我会说："好，我们明白之前的问题出在哪里，现在让我们来看看有没有办法解决这些问题。"作为一名领导国际团队的经理，我决定开几次国际会议。通过这几次会议，我们决定在4个国际中心之间分配工作量。工程师们看到了我为他们考虑的良苦用心，也开始主动想办法解决之前妨碍流程顺利进行的问题。

当然，错误和失误仅仅是公司变革的一部分，不过对于公司内部的员工来说，无论是高级管理人员还是普通员工，讲述在公司中应对变革的故事，其原则都是一样的。

新西兰奥克兰大学的 Darl Kolb 发现，在一个正在经历变革的组织中，老员工会把之前的变革故事讲给低层级的一些员工听，从而员工对于公司产生的变革就不会那么焦虑，也不会那么抗拒了。与过去已经发生的变革相比，即将或正在发生的变革不会更糟糕。

在 *Career Development International* 中 Suzanne O’Hara 发表了一项研究结果。她认为，讲故事能让员工认为变革有其合理性，并且在内心接受这种变革的需要。David Fleming 在一篇阐述讲故事与领导力之间的关系的文章中则谈到，故事会告诉人们变革将以何种形式发生。在学者 Steven S. Taylor 看来，讲故事会让人们知道一旦变革发生，未来将如何发展。重温公司的旧故事，同时讲述新的故事，帮助公司员工适应变革。

更多关于变革的故事

Fleming 断言："一个生机勃勃的公司会将其使命看作不断发展的、经历各种曲折的故事。"而聪明的员工会看出这句话的言外之意：讲故事能让人们看到变革的合理性，从而应对由变革带来的危机并适应变革。正如下面这些例子一样：

在承担一个项目的过程中，我需要一名分析员帮我分析评估一下改变某个流程的效果。而这名分析员不理解为什么我们部门发送的信件没有被扫描成电子文档，而这是公司的标准要求。他猜想没有人对我进行过相关培训，所以我可能对整个流程不清楚。而事实上，我所在的部门是一个新成立的附属办公室，这个流程对我们部门的人来说是陌生的，大家都是门外汉。在给分析员的一份电邮中，我告诉了他相关情况，和我认为的流程差异的原因，解释了公司的优先排序、可用资源和管理风格与我所在的附属办公室存在着差异的情况。由于我写这封信用的是比较平和、客观的语气，分析员在给我的回信中对此并没有表示出太大的关注。在我的反复劝说下，分析员开始重视我的意见，决定解决这个流程问题。

人力资源管理人员需要做的一项重要工作就是影响公司的成员，使他们愿意并且努力去适应变革。我在此方面一个较为成功的案例是劝服各部门经理和主管同意一改惯例，开始每年对部门的绩效进行全面的评估。我和部门经理以及主管一一进行谈话，让他们知道对部门进行绩效评估的价值所在；组织了一个评估小组；按照公平一致的评估原则设计了若干对员工进行评估的工具，并将其和公司的目标以及价值观相对应，确保其切实可行。之后我对相关人员进行培训，并且组织与公司管理层就相关议题进行对话，以争取公司层面上的支持。我如此努力，得到了很好的结果：公司自此开始对所有固定员工和很多临时聘用员工实施了年度绩效评估。

在高失业率的时代，为了让大家关注我所在社区日益增多的社会问题，我提议，像我所在的临时就业项目组的很多参与者为了消除压力所做的那样，举办了一场晚会。其他的服务组织也参与了进来，我们共同合作举办了一整天的庆祝活动，其中包括：一次大游行、白天在市政公园进行的若干小活动和娱乐项目。游行是由一个工会组织的，另外一个工会则负责公园的舞台布景。通过媒体报道，我向外界表示我们需要捐赠才能把活动进行下去。于是我们收到了 2 吨捐赠的土豆——我们用来做土豆汤了。其他的组织，如教会群体也开始加入进来，很快我们就拥有了一支庞大的志愿者队伍，参加这次活动的公众人数超过了 7 000 人。这次活动非常成功，公众开始注意到本地居民的困境，认识到失业率和经济困顿是“房间里的大象”（英国谚语，意指明明存在却故意被人视而不见的问题）。而这个活动也帮助我们抒发了一些不满情绪。

在公司经历的一次变革过程中，我们需要在多种条件下调整工作流程/方式。我负责管理 5 名部门经理。在一次会议上，我告诉他们，公司需要进行何种变化，并逐一询问他们 5 个人的看法。也是在这次会议上，我详细描述了公司的目标，这样员工就能了解整件事情。他们都提出了各自的意见和看法，但是我们达成一致后，大家都能接受目前所面临的挑战，并且愿意齐心协力迎接它。

原先面对挑战的时候我总是手忙脚乱。我很循规蹈矩，擅长处理常规事项。一旦出现意外情况，整个节奏就会被打乱。有一次我被我所供职的主题公园安排到一个新的地点工作，我对那里的环境一无所知。我负责打理一个体育场，和管理 14 名员工刚开始，我在那里工作得很顺利，各项业务都处理得很好。而后来我被调去打理游戏区，需要管理100多名员工，每件事随时都会发生变化，工作量增加了不少，需要应付的人也增加了不少。我必须做出调整，但是我不知道如何去调整，只寄希望于全盘接受新的环境、新的任务。这种变化让我彻底乱了阵脚。公园管理层找我谈话，告诉我必须进行调整。他们把整个流程分解成一个个我能理解的环节，这样我在脑海里就能梳理出整个工作任务的每一个环节，这是调整的依据。否则，我将不知如何下手。如果不是这次变革逼我进行调整的话，我恐怕不会发现我还有那么大的潜力。充分理解了每一项职责后，我对调整自己有了更深的看法。现在，工作再怎么变化我都不害怕了。我可以迅速应对，冷静地分析和思考如何调整现有的工作节奏。

Katharine 的应变故事

在本章的结尾，我想讲讲我（Katharine Hansen）是如何在职场中适应变革的：

我供职过的大部分组织都常常经历变革。我就职的第一家公司是一家杂志社。当时，杂志社正在让所有员工加入工会。为了让员工了解这一举措的好意，而不是大家所认为的加入工会会限制员工的自由，公司开始在每天下午为员工提供免费水果。当公司开始解雇对加入工会反对声最大的那些人时，水果也不再那么甜美可口了。那时我是这家新创杂志社的编辑，而员工坚决反对加入工会以保持身份自由成为杂志社当时遭遇的最大变革。最后，杂志社的老板不再挣扎了，他在工会变革失败后，卖掉了那个杂志。新的老板搬到新的城市办杂志，老员工们都失业了。于是我进入了一家广告代理公司工作，在那里，赢得顾客还是失去顾客则成为最主要的变革。

之后我又进入一家大学社区的独立报社工作。每个学年都有一批新的学生进入，因此每年都要选举新的首席编辑，每年管理层都是新面孔。接着我去了在大都市处于激烈竞争中的一家报社工作。报社编辑部里总是贴着我们最大的竞争对手野心勃勃的计划，以及我们的报纸应该如何应对这些竞争的规划。忽然，就在一夜之间，竞争对手出资买下了我们报社，并将两个报社合二为一。然后，我又去了一家周报任执行主编。而刚上任，管理层需要我做的第一件事情是解雇工资最高的两个编辑。

离开新闻出版业后，我尝试着从事公共关系领域的工作。于是我进入了一家备受争议的生殖健康中心新开的诊所工作。在我的任期内，那家诊所不断地争取政府资助，提供艾滋病检测。离开那里后，我担任一名民选官员的演讲稿撰写人，党派之争经常会引发种种变革。然后，我又去了一家私立大学工作。在那里，预算危机、招生不足以及认证压力是最主要的不稳定因素。

而我现在所从事的工作是通过提高人们书面或口头表达能力，来提高他们的应聘成功率。在回顾充满变革的工作经历时，我反思自己从中学到了什么。我在职业动机、沟通技巧、应对变革的能力方面有何收获？这些收获能否帮助他人？如果现在的我遇到过去的变化，会怎么处理？我在促进公司进行有利变革的过程中起到了什么积极的作用？我的故事能给大家什么样的启发？过去的我应该如何使用故事来推动职业发展？未来的我将如何帮助别人借助故事推动职业发展？

后来，我开始思考职业管理沟通工具。而这几年来，我一直在帮助求职者使用它们来铺就职业之路。本书展现了我的心得：故事是职场人士搭建人脉，撰写履历和求职信，参加求职面试，准备职业档案，以及树立个人品牌的好助手。故事中的元素会对做出招聘决定的人产生影响。最重要的是，不断地在工作场所讲故事会帮助你开拓更辉煌的事业。

小结

讲故事对职业发展和求职都同等重要。在动荡的全球就业环境下，通过讲故事来促进公司的变革会对你很有利。就像你为了得到一份工作，通过讲故事让潜在的雇主了解你的成就一样，你可以通过不断讲述你的成就故事让现在的上司一直青睐于你。

结语　展开你的职场故事

我写这本书的目的在于通过分析职场故事，告诉读者故事是如何帮助人们找到满意的工作并获得职业发展的。

通过详细的描述和大量的实例，我希望读者能学会如何使用成就故事，尤其是那些成功促进公司变革、和雇佣经理进行有效沟通的故事。各种证据表明，故事能使你引领并促进公司的变革，从而提升你在职场中的地位。

希望在阅读本书的过程中，你已经尝试着组织自己的故事了。现在是时候展开阐述职业故事了。

如果读者对于故事与职业有什么问题和想法的话，请随时与我沟通。可以给我发送电子邮件至 kathy@astoriedcareer. com。也欢迎大家浏览我的博客（http：//astoriedcareer. com）以及查阅 Quintessential Careers 上有关职业的故事（www. quintcareers. com/career _ storytelling/）。